Unsere Lieblingsrezepte
für Herbst und Winter

Martina Meuth
Bernd Neuner-Duttenhofer

Unsere Lieblingsrezepte für Herbst und Winter

© 2011 VGS
verlegt durch EGMONT Verlagsgesellschaften mbH,
Gertrudenstraße 30–36, 50667 Köln

© WDR, Köln
Agentur: WDR mediagroup licensing GmbH

Redaktion: Cindy Witt
Umschlaggestaltung und Layout: Metzgerei Strzelecki, Köln
Bildnachweis:
Umschlagfoto vorn: Luca Siermann
Umschlagfotos hinten: Martina Meuth
Videograps: Imhoff Realisation, hergestellt von Openedit
Bilder S. 22/23, 32/33, 42/43, 64/65, 80/81, 130/131: Martina Meuth

Satz: Achim Münster, Köln
Produktion: Simone Nauerth
Druck: Firmengruppe APPL, aprinta druck, Wemding

ISBN: 978-3-8025-3750-0

Inhalt

Vorwort   8

Süß, herzhaft und immer mit Biss: Äpfel

Apfelkuchen mit Basilikum 14

Apfel im Schlafrock 16

Bratapfel aus der Mikrowelle 17

Apfelschmarrn 17

Kräuter-Apfeltäschchen mit Salbei-Mohn-Butter 18

Himmel und Frd' 20

Blutwurst-Apfel-Happen 20

Apfelgemüse mit Rosmarin 21

Fein, würzig und elegant: Wirsing

Wirsinggemüse mit Tomatenduft 25

Wirsingauflauf 26

Wirsingröllchen 27

Wirsing im Blätterteig 29

Schlankmacher Wirsingsuppe 30

Groß in Mode: Kürbis

Kürbiscappuccino mit Ingwerschaum und Korianderöl 35

Kürbiscannelloni mit weißer und grüner Sauce 36

Kürbisgnocchi mit Kernöl 38

Kürbiskernöl – das steirische Gold 39

Gebackene Kürbisschnitten mit Tomaten 40

Kürbiskonfitüre 41

Kürbismuffins 41

Linsen-Vielfalt

Linsensülze mit Radieschenvinaigrette 48

Feines Linsensüppchen mit Aalfilet 50

Linsencremesüppchen 52

Linsensalat zu Lammkoteletts 54

Linsen im Wirsingpäckchen 56

Linsenaufstrich 57

Linsengemüse 58

Knusprige Entenbrust auf Linsen 60

Esaus Lieblingslinsen 62

Frisch und knackig: Sauerkraut

Grundrezept 69

Paprikafleisch mit Sauerkraut 70

Fleischknödel mit Kraut 72

Reispapierpäckchen mit Sauerkraut und Blut- & Leberwurst 76

Sauerkrautcremesuppe mit Heilbutt 78

Selbst gesucht oder frisch vom Markt: Waldpilze

Gedünstete Pilze (Grundrezept) 84

Pfannkuchen 85

Pfifferlingsuppe mit verlorenem Ei 88

Steinpilz-Salat 89

Steinpilze en cocotte 90

Reizker mit Kartoffeln 91

Herbsttrompeten in Rahmsauce 92

Rührei mit Pilzen 93

Pilzpaste 93

Zart und unwiderstehlich: Wild

Unser Wildgewürz 99

Medaillons mit Rotweinschalotten 100

Hirschfilet aus dem Wok 101

Rehpfeffer 102

Cremige Polenta 104

Geschmorte Ofenfrüchte 105

Frischlingskeule mit Kastanien und Rotkraut 106

Gebratene Ente mit Kartoffelfüllung 109

Rosenkohl mit Haselnüssen 112

Gefüllte Entenbrust 114

Enten-Confit (Eingemachtes Entenfleisch) 116

Cassoulet 118

Enten-Rillettes 119

Mal was anderes:
Kaninchen

Kaninchenschmalz 124

Kaninchenragout mit Blumenkohl & Broccoli 126

Mini-Wiener-Schnitzel vom Kaninchenrücken 128

Klare Brühe mit Eierstich und buntem Gemüse 129

Feiner Salat mit Kaninchenleber und Nierchen 130

Kräftig, deftig,
immer wieder neu:
Kürbis

Pastinakengratin 135

Duett von Wurzelcremesuppe 136

Rübencurry mit Lamm 137

Rüben- und Knollen-Chips 138

In Butter gedünstete Rübchen 139

Register 140

Kochen nach den Jahreszeiten

Ist es nicht wunderbar, wie sehr der Wechsel der Jahreszeiten unseren Alltag prägt? Jede Saison bringt neue Farben, Düfte, Stimmungen.

Das ist in der Küche, bei Tisch eigentlich nicht anders: In jedem Monat bestimmen andere Früchte, Gemüse, selbst Fisch oder Fleisch, überhaupt unterschiedliche Zutaten unsere Märkte. Wie sehr, das machen sich viele Menschen vielleicht gar nicht klar, obwohl das Schlagwort von der Saisonalität in aller Munde ist. Natürlich sind wir in der Lage, ein ganzjährig gleiches Angebot zusammenzustellen, indem wir die Produkte aus aller Welt importieren. Aber ist das auch sinnvoll? Verdirbt die ständige Verfügbarkeit nicht unsere Vorfreude auf das regional und jahreszeitlich gebundene Produkt?

Wer ausschließlich beim schlichten Discounter einkauft, sich vorwiegend von Tiefkühl- oder sonstiger Industriefertigkost ernährt, bekommt diese herrliche Vielfalt und Abwechslung kaum mit. Da liegen tatsächlich in der sogenannten Frische-Abteilung rund ums Jahr immer nur die gleichen Gemüse im Regal: Kartoffeln, Zwiebeln, Möhren, Lauch und Sellerie... Immer die gleichen langweiligen Apfelsorten, die gleichen ledrigen, auf lange Haltbarkeit gezüchteten Salate, die wässrigen Radieschen...

Saison haben jetzt Kraut & Rüben: Nichts dagegen! Es lässt sich aus allen guten Produkten etwas Gutes kochen. Jetzt sind sie frisch, noch knackig, herzhaft und voller Saft. Es lassen sich daraus in der Tat die herrlichsten Gerichte zubereiten – vom zarten Cremesüppchen bis zum herzhaften Auflauf. Eben Wurzeln für Genießer!

Um die besten und interessanten Gemüse und Zutaten der Saison zu entdecken, muss man sich auf den Wochenmarkt bemühen oder in einen jener Supermärkte, die nicht nur die Grundversorgung von Lebensmitteln bieten, sondern sich dadurch profilieren, dass sie sich auch um die Vielfalt dessen kümmern, was kleinere Produzenten der Region erzeugen. Davon gibt es erfreulicherweise immer mehr. Und die Erkenntnis, dass Saisonalität und Regionalität zusammengehören, sich nicht voneinander trennen lassen, setzt sich zunehmend durch. Das ist schön!

Im Herbst zeigt die Natur ja noch mal besonders üppig, was sie alles zu bieten hat. Eine unendliche Fülle von Obst, die verschiedensten Kohlgemüse, Kürbisse in unendlicher Vielfalt, all die Pilze, die man auch auf dem Markt kaufen kann, wenn einem das Sammlerglück nicht hold sein sollte. Jetzt gibt es das frische Sauerkraut, würzig und mit knackigem Biss. Mit dem Winter kommt auch die Zeit für schöne Festtagsbraten, herzhafte Ragouts, kräftigende Eintöpfe. Als wolle der liebe Gott uns dafür entschädigen, dass der Sommer vorbei und bis zum Frühjahr noch

geraume Zeit ist, schickt er uns für den Herbst und Winter ganz besondere Leckerbissen.

In unserer Sendung legen wir ja immer allergrößten Wert darauf,
Rezepte zu entwickeln, die in die jeweilige Jahreszeit passen. Weil wir
Gemüse lieben, stehen sie meist bei uns im Mittelpunkt. Doch wir verzichten durchaus nicht auf Fleisch oder Fisch. Trotzdem finden auch
Vegetarier bei uns sehr viele für sie geeignete Rezepte – denn bei den
meisten ist Fleisch oder Fisch eine Beilage, auf die man auch verzichten
kann, wenn's denn sein soll. Wir sind allerdings der Meinung, dass es
den Tieren nicht hilft, wenn man sie nicht isst. Es ist vielmehr sinnvoll
dafür zu sorgen, dass es ihnen gut geht und sie dafür uns am Ende als
Nahrungsmittel zur Verfügung stehen. Allerdings dürfen wir sie dafür
nicht als reine Produktionsmittel in Massentierhaltung betrachten, sondern übernehmen damit die Verantwortung, ihnen ein anständiges, art-
gerechtes, glückliches Leben und einen würdigen Tod zu ermöglichen.
Und haben die Pflicht, schließlich auch das ganze Tier mit allem, was es
uns liefert, zu verwerten. Gerade in der kälteren Jahreshälfte sind die
weniger begehrten Stücke die wertvolleren, nämlich für wärmende
Schmorgerichte und Eintöpfe: Weil sie darin besser schmecken und obendrein billiger sind. So zubereitet lassen auch sie sich genießen – und
zwar, auch das ist wichtig, mit gutem Gewissen, bewusst und mit Andacht.

Je länger die Abende, im Herbst und im Winter, desto eher bleiben wir
gern zu Hause, das Leben wird gemütlicher, geselliger. Was gibt es Schöneres, als sich miteinander um den Tisch zu setzen, zum Essen, Trinken,
um zu schwatzen, zu genießen und – warum nicht? – vielleicht sogar,
um gemeinsam zu kochen?

Um Ihnen für ein paar schöne Ideen und Rezepte dafür zu bündeln,
haben wir für dieses Buch aus den Sendungen der vergangenen Jahre
eine Auswahl unserer liebsten Herbst- und Wintergerichte zusammenge-
stellt – zum Nachschlagen, zum Nachkochen und zur Inspiration. Ganz
einfache, die buchstäblich im Handumdrehen auf dem Tisch stehen,
aber auch andere, die vielleicht ein bisschen mehr Mühe machen; aber
dabei können Sie sich ja helfen lassen! Sie wissen doch: Oft ist es besonders schön, wenn der Weg das Ziel ist!
Wir wünschen Ihnen viel Vergnügen beim Bummel über den Markt – ob
in herbstlicher Fülle oder winterlicher Kargheit –, beim Einkauf, fürs
Nachkochen und jede Menge Spaß, wenn Sie mit Ihren Freunden, Ihrer
Familie in der Küche stehen und anschließend rund um den Tisch sitzen
und das Ergebnis genießen.

Ihre Martina Meuth & Bernd „Moritz" Neuner-Duttenhofer

9

Süß, herzhaft und immer mit Biss:

Äpfel

Äpfel:
Neue Rezepte für unser Lieblingsobst

Äpfel sind eindeutig das Lieblingsobst der Deutschen. Das wurde gerade erneut in einer Umfrage (von der Zentralen Marketinggesellschaft der Deutschen Agrarwirtschaft) festgestellt. 95 Prozent aller Deutschen, so hat man herausgefunden, lieben Äpfel, mehr als ein Drittel beißt sogar täglich oder fast täglich in einen hinein. Und das ist auch gut so, denn die alte Regel: An apple a day keeps the doctor away (ein Apfel pro Tag erspart den Arzt!) stimmt, das ist erwiesen. Im Apfel stecken so viele bioaktive Substanzen, dass man ihn tatsächlich als vorbeugende Medizin verschrieben bekommen sollte. Gott sei Dank kann man sich den täglichen Apfel auch ohne Hilfe der Krankenkasse leisten, denn Äpfel sind nicht teuer.

Besonders Frauen greifen gerne zu dem verführerischen Obst – nämlich jede Zweite täglich! Was bibelfeste Menschen nicht erstaunen dürfte. Erstaunlicherweise jedoch sind sie es, die eher säuerliche Apfelsorten bevorzugen, während Männer mehr zu den nur süßen Sorten neigen. „Saftig" und „knackig" hingegen mögen beide Geschlechter ihre Äpfel!
Was uns als Apfelbauern ganz besonders freut: Mehr als die Hälfte der Käufer bevorzugt dieses Obst aus deutscher Herkunft, auch die Sorten werden von vielen beachtet.

Apfelsorten
Apfel ist nicht gleich Apfel – eine Binsenwahrheit. Leider ist das Angebot auf den Märkten nicht so umfassend, wie es möglich wäre – mehr als dreitausend Apfelsorten soll es geben. Ein guter Apfelbetrieb baut mindestens zwanzig verschiedene an. Aber beim Händler kann man meistens froh sein, wenn sich drei oder vier verschiedene Apfelsorten in den Körben finden lassen. Natürlich kommt es immer auf die Jahreszeit an. Im Winter sind andere Sorten im Angebot als im Spätsommer. Im späten Juli, frühen August beginnt das Apfeljahr mit dem hellgrünen Jakob Klar, oft einfach nur kurz Klarapfel genannt. Danach kommen die frühen Sorten wie D'Elva Estivale und der großartige Gravensteiner. Anfang September beginnt die Haupternte, und man kann aus einem immer größeren Angebot wählen. Manche Äpfel müssen nach der Ernte noch gelagert werden, um nachzureifen, und kommen erst im Winter auf den Markt.

Im Allgemeinen empfehlen sich für Suppen und Salate vorzugsweise säuerliche Äpfel, die erfrischend wirken: Jakob Klar, Gravensteiner, Elstar, Jamba, Boskop, Glockenapfel, Ontario.

In Verbindung mit Gemüse, Fleisch und Wurst kommen die aromatisch würzigen Sorten bestens zur Geltung, doch sollten auch sie über eine gewisse Säure verfügen, wie zum Beispiel Alkmene, Cox Orange, Holsteiner Cox, Ingrid Marie, James Grieve, Gravensteiner, Goldparmäne, Berlepsch, Jonagold.

Beim Backen kommt es auf die Art des Kuchens an: Flache Kuchen brauchen eher saftige Äpfel wie Gravensteiner, Jakob Lebel, Berlepsch, Boskop, während gedeckte Kuchen nur solche Sorten vertragen, die ihre Form behalten und keine oder möglichst wenig Flüssigkeit abgeben, wie etwa Golden oder Red Delicious. Ersterer hat zudem den Vorteil, nicht braun zu werden, weshalb ihn die Konditoren ganz besonders lieben.

Bei Desserts haben Sie dann ganz freie Hand: Fast alle Sorten eignen sich, es ist mehr eine Frage des individuellen Geschmacks.

Äpfel richtig aufbewahren

Wer Wert auf gute Äpfel legt, kauft sie wahrscheinlich auf dem Markt oder gleich beim Apfelbauern ein. Vor allem, wenn eine längere Fahrt dorthin nötig ist, wird man größere Menge einladen. Und zu Hause stellt sich die Frage: Wohin damit? Schließlich will man noch eine ganze Weile etwas davon haben. Äpfel sollten kühl, aber nicht kalt, bei angenehmer Luftfeuchtigkeit und möglichst dunkel lagern. Im Keller also. Aber wer hat schon einen? In einer Stadtwohnung kann man sie in einem Karton auf den Balkon stellen (bitte nicht direkt von Sonne beschienen), möglichst nah an der Hauswand, wo die Äpfel vor allzu großer Kälte geschützt sind.

Kleinere Mengen lassen sich in einer Plastiktüte frisch halten, die mit einigen Löchern versehen ist, damit die Früchte nicht ersticken. Versuchen Sie, an einem dunklen Ort ein Plätzchen für diese Tüte zu finden: in der Speisekammer, an einer Hauswand, auf dem Balkon, in der Küche oder im kühlen Schlafzimmer, unterm Bett.

Apfelkuchen mit Basilikum

ZUTATEN

Für eine Springform von 28 bis 30 cm Durchmesser:

Hefeteig:
300 g Mehl
¼ Würfel Hefe (10 g)
knapp ⅛ l Milch
1 Ei
50 g Butter
1 EL Zucker
1 Prise Salz

Belag:
ca. 1 kg Äpfel
Saft und Schale einer Zitrone
75 g Mandeln
100 g Zucker (kann auch brauner
Zucker sein, der weniger süßt, dafür
herzhafter schmeckt)
1 Händchen voll Basilikumblätter

Außerdem:
1 Eigelb
4 EL Sahne zum Bestreichen

Superpfiffig – aus Hefeteig, der hauchdünn ausgezogen wird. Und Basilikum passt glänzend zu Äpfeln. Wir mixen die Blätter mit Mandeln und Zucker, dieses Gemisch kommt als Unterlage für die Äpfel auf den Teigboden und schützt ihn vor dem Aufweichen. Übrigens kann man von dem Teig während der Apfelkuchensaison ruhig gleich eine doppelte Portion zubereiten. In einer Plastiktüte hält er sich im Kühlschrank bis zu einer Woche – und lässt sich derart lange ausgeruht sogar noch besser dünn ausrollen …

1 Das Mehl in die Rührschüssel der Küchenmaschine füllen. Die Hälfte der Milch erwärmen und die Hefe darin verrühren. Zum Mehl schütten und mit einem Tuch zugedeckt zehn Minuten gehen lassen. Dann die Maschine einschalten und das Ei, die weiche Butter in Flöckchen (mit zwei Flöckchen die Form ausbuttern), den Zucker und das Salz zufügen und gründlich durcharbeiten. So viel Milch zufügen, bis ein weicher, geschmeidiger Teig entsteht. Den Teig zu einer Kugel formen und in einer gut zugedeckten, vielleicht sogar vorgewärmten Schüssel mindestens eine Stunde, ruhig auch länger, gehen lassen. (Wer den Teig schon am Vortag herstellen möchte, ihn also noch länger gehen lassen will, stellt ihn in den Kühlschrank.)

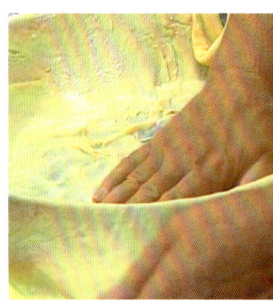

2 Den Teig schließlich sehr dünn ausrollen, er soll einen etwa doppelt so großen Durchmesser wie die Form haben. Die Form damit so auslegen, dass der Teig rundum überall gleich weit übersteht.

3 Die Äpfel schälen, vierteln, das Kerngehäuse entfernen. Die Viertel in zentimeterdicke Scheiben schneiden. Mit Zitronensaft vermischen, damit sie schön bleiben.

4 Mandeln, Zucker und Basilikum im Mixer zerkleinern (Basilikum vorher unbedingt in einer Schüssel mit kochendem Wasser überbrühen, abgießen und eiskalt abschrecken – so bleibt es schön grün!). Die Hälfte davon auf dem Teigboden verteilen, den Rest unter die Äpfel mischen. Diese dann in der Form schön verteilen. Den Teig darüber zusammenschlagen und in der Mitte zusammenführen, überschüssigen Teig wegschneiden. Eigelb und Sahne miteinander verquirlen und die Oberfläche damit einpinseln. Den Kuchen bei 200 °C ca. 30 bis 35 Minuten backen.

BEILAGE
Halbsteif geschlagene Sahne – nach Belieben auch sie mit Basilikum gewürzt. Dafür die Sahne erst mit einigen blanchierten Blättern glatt mixen, dann wie gewohnt aufschlagen.

GETRÄNK
Dazu gibt's Kakao beziehungsweise eine richtige **Schokolade,** die rasch zubereitet ist: Milch aufkochen, Schokoladenstückchen darin schmelzen und mit dem Schneebesen oder Mixstab aufschlagen.

Apfel im Schlafrock

Aus einem Rest des Hefeteigs von unserem Apfelkuchen lässt sich ganz schnell dieser köstliche gebackene Apfel machen:

ZUTATEN
Pro Person:

1 gute Handvoll Hefeteig
(oder 1 Blatt TK-Blätterteig)
1 mittelgroßer Apfel
Zitronensaft
frische Himbeeren und/oder
1–2 EL Himbeerkonfitüre
Zucker
Eigelb und Sahne (verquirlt)
zum Bestreichen

Den Teig auf einer bemehlten Fläche so groß ausrollen, dass man den Apfel darin einwickeln kann. Das Kerngehäuse mit dem Bohrer ausstechen und die Schnittstelle mit Zitronensaft einreiben, damit sich nichts verfärbt. Frische Himbeeren und/oder Konfitüre einfüllen. Den Apfel auf die Teigfläche setzen, nach Belieben zuckern. Den Teig hochnehmen und über dem Apfel zusammenführen. Mit der verquirlten Ei-Sahne-Mischung bestreichen. 30 Minuten bei 200 °C backen (Heißluft; 220 °C bei Ober-/Unterhitze).

Bratapfel
aus der Mikrowelle

Steht buchstäblich im Handumdrehen auf dem Tisch: Einen Apfel an der dicksten Stelle rund um seinen Äquator mit einem scharfen Messer einschneiden. Auf einem Teller in die Mikrowelle stellen und auf der höchsten Stufe zweieinhalb bis drei Minuten erhitzen – am besten dabei beobachten: Der Apfel dehnt sich aus und hebt sich ein wenig. Herausnehmen und in zwei Hälften teilen. Jetzt lässt sich das Kerngehäuse leicht herausschaben. Einen Löffel Johannisbeergelee in die Mitte setzen, nach Belieben mit einigen Topfen Sahne benetzen und auslöffeln ...

Apfelschmarrn

Eine Mehlspeise, wie man sie in Bayern oder in Österreich liebt. Ein Schmarrn ist eine luxuriöse, üppige Sache: Der Teig wird über in Butter karamellisierte Apfelschnitze geschüttet und dann im Backofen gebacken, bis er aufgeht und bräunt. Schließlich wird das Ganze mit zwei Gabeln zerrissen und mit Puderzucker bestäubt: Der Apfelschmarrn muss duftig, saftig und knusprig zugleich sein, das ist die Kunst!

ZUTATEN
Für vier Personen:

4–5 Eigelb
2–3 EL Zucker
etwas abgeriebene Zitronenschale
2 gehäufte EL Mehl
¼ l Sahne (oder zur Hälfte Milch nehmen)
4 Eiweiß
1 Prise Salz
3–4 Äpfel (je nach Größe)
2–3 EL Butter
Puderzucker

2 Die Äpfel vierteln, vom Kerngehäuse befreien und in Spalten schneiden.

3 Am besten jetzt in Portionen arbeiten: In einer Pfanne in etwas Butter aufschäumen lassen, Apfelspalten darin auslegen und anrösten, zugleich mit etwas Zucker bestreuen, damit sie karamellisieren. Fingerhoch Schmarrnteig darübergießen, kurz erhitzen, dann die Pfanne in den 200 °C heißen Ofen stellen (Heißluft; Ober-/Unterhitze 220 °C). Nach etwa vier bis fünf Minuten müsste der Schmarrn hochgegangen und schön gebräunt sein. Herausholen, mit einer Gabel zerreißen, mit Puderzucker bestäuben und sofort servieren.

GETRÄNK

Dazu gibt's Apfelsaft auf Eiswürfeln, gewürzt mit Zitronenschale und Minze. Wir nehmen naturtrüben Saft, in dem noch alle Inhaltsstoffe stecken.

Kräuter-Apfeltäschchen mit Salbei-Mohn-Butter

Ravioli mal anders: Sehen hübsch aus und schmecken super. Dabei machen sie wirklich nicht viel Mühe, denn den Teig kaufen wir fix und fertig im Asienladen.

1 Zuerst die Füllung zubereiten: Die Äpfel schälen, entkernen, vierteln und in Würfel schneiden. Mit Zitronensaft beträufeln, damit sie sich nicht verfärben. In einer Schüssel mit fein geschnittener Minze, etwas Muskatblüte, Pfeffer, Cayenne oder winzig gewürfelten Chili sowie einer Prise Salz würzen. Den Speck in feine Würfel schneiden und in einer Pfanne auslassen, dabei nur sanft bräunen. Blutwurst oder gekochten Schinken kann man roh gewürfelt unter die Äpfel mischen.

2 Die Teigblätter nebeneinander ausbreiten, rundum mit Wasser oder Eiweiß einpinseln. Auf eine Ecke jeweils einen Löffel Füllung platzieren, die andere Ecke darüberklappen, sodass ein Dreieck entsteht. An allen Seiten gut zusammendrücken. Die Täschchen in siedendem Salzwasser pochieren, bis sie oben schwimmen.

ZUTATEN
Für vier Personen:

2 Äpfel
Zitronensaft
frische Minze
Muskatblüte
Pfeffer
eine Spur Cayenne oder etwas
frischen Chili
50 g Speck (auch Blutwurst oder
gekochten Schinken)
Salz
ca. 20 Wan-Tan-Teigblätter (gibt's
frisch oder tiefgekühlt)
50 g Butter
1 Händchen voll Salbeiblätter
1 gehäufter EL Mohn

3 In der Zwischenzeit die Butter in einer kleinen Pfanne aufschäumen lassen und die in Streifen geschnittenen Salbeiblätter sowie die Mohnsamen darin rösten.

4 Die Teigtäschchen mit einer Schaumkelle herausheben und auf Tellern anrichten. Mit der Salbei-Mohn-Butter begießen und sofort servieren.

GETRÄNK
Ein erfrischender Apfelwein oder Cidre.

SÜSSE VARIANTE ALS DESSERT
Die Äpfel für die Füllung hierfür mit Zitronenschale und Zucker würzen. Wie oben beschrieben kochen oder frittieren. Die Mohnbutter dann ohne Salbei zubereiten, eventuell mit etwas Zucker würzen. Den Joghurt-Dip für die gebackenen Täschchen mit Honig süßen.

TIPP

Man kann die Teigtäschchen auch in heißem Öl oder Schmalz schwimmend knusprig frittieren. Dann allerdings gibt es statt der flüssigen Butter einen Joghurt-Dip dazu: Joghurt mit Zitronensaft und einer Prise Salz glatt rühren. Falls er zu dünnflüssig ist, etwas Quark oder Frischkäse untermengen.

Himmel und Erd'

Äpfel und Kartoffeln passen prima zusammen – zum Beispiel miteinander zerdrückt als Püree.

Zwiebel fein würfeln und in der Butter andünsten. Die Kartoffeln schälen, würfeln und in den Topf füllen. Salzen, pfeffern, Majoran zufügen und wenig Wasser angießen. Zugedeckt in etwa zehn Minuten weich kochen. Inzwischen die Äpfel schälen, vierteln, entkernen und in Scheibchen schneiden. Zu den Kartoffeln geben und mitdünsten. Dann mit dem Kartoffelstampfer alles glatt stampfen, dabei so viel Milch angießen wie nötig, damit ein sahnig-cremiges Püree entsteht. Mit Muskat abschmecken.
Passt glänzend zu gebratener Leber, zum Kotelett oder kleinen Schnitzelchen.

ZUTATEN
Für vier Personen:

1 Zwiebel
2 EL Butter
600 g Kartoffeln
Salz, Pfeffer
1 TL getrockneter Majoran
2 Äpfel
ein guter Schuss Milch oder Sahne
Muskat

Blutwurst-Apfel-Happen

Ein schöner Leckerbissen zum Wein: Äpfel vierteln und das Kerngehäuse entfernen. Die Viertel in dicke, mundgerechte Scheiben schneiden und mit Würfeln einer sehr guten Blutwurst belegen. Mit frischen Minze- oder Basilikumblättchen schmücken und einen Tropfen eines guten, konzentrierten, dickflüssigen Balsamicos (vorzugsweise Apfel-Balsam) daraufträufeln.

Apfelgemüse mit Rosmarin

Die berühmte Leber Berliner Art ist ja ein unverwüstlicher Klassiker und immer wieder ein Genuss. Wir wandeln das Rezept ab und schmurgeln die Apfelscheiben zusammen mit roten Zwiebelringen. Dazu gibt's Lammkoteletts, die mit Knoblauch und Rosmarin gebraten sind. Etwas Chili bringt Schärfe, der Rosmarin mediterranen Duft.

1 Die Äpfel vierteln, Kerngehäuse herausschneiden, die Viertel in Spalten schneiden – nicht schälen, das gibt dem Gericht Farbe. Mit Zitronensaft mischen, damit die Schnitze nicht anlaufen. Die roten Zwiebeln ebenfalls in Spalten schneiden.

2 Das Öl in einer Pfanne erhitzen, die Lammkoteletts darin auf beiden Seiten sehr heiß anbraten, dabei mit Salz und Pfeffer würzen. Aus der Pfanne nehmen und zwischen zwei vorgewärmten Tellern warm halten. Im verbliebenen Fett die Äpfel und Zwiebel anrösten. Den gehackten Knoblauch und die Rosmarinnadeln zufügen, auch die Chilischote, mit oder ohne Kerne, auf alle Fälle fein gehackt. Schließlich mit Zucker bestreuen und karamellisieren lassen, dann salzen und pfeffern.

BEILAGE
Entweder nur frisches Brot oder ein Apfel-Kartoffelpüree (siehe links).

GETRÄNK
Ein kräftiger, junger Rotwein mit geradezu kirschartiger Frucht, zum Beispiel ein Syrah oder Merlot aus dem Burgenland (Österreich) oder der Toskana, beides Weinbauregionen, in denen man besonders experimentierfreudig ist. Sehr gut schmeckte uns dazu ein knackiger, kräftiger, sauber ausgebauter Blauer Portugieser aus Rheinhessen.

ZUTATEN
Für vier Personen:

3 mittelgroße Äpfel
Zitronensaft
1–2 rote Zwiebeln
2 EL Olivenöl
8–12 Lammkoteletts (nach Größe)
1–2 Knoblauchzehen
1 rote oder grüne Chilischote
1 kleiner Rosmarinzweig
1 Prise Zucker
Salz, Pfeffer

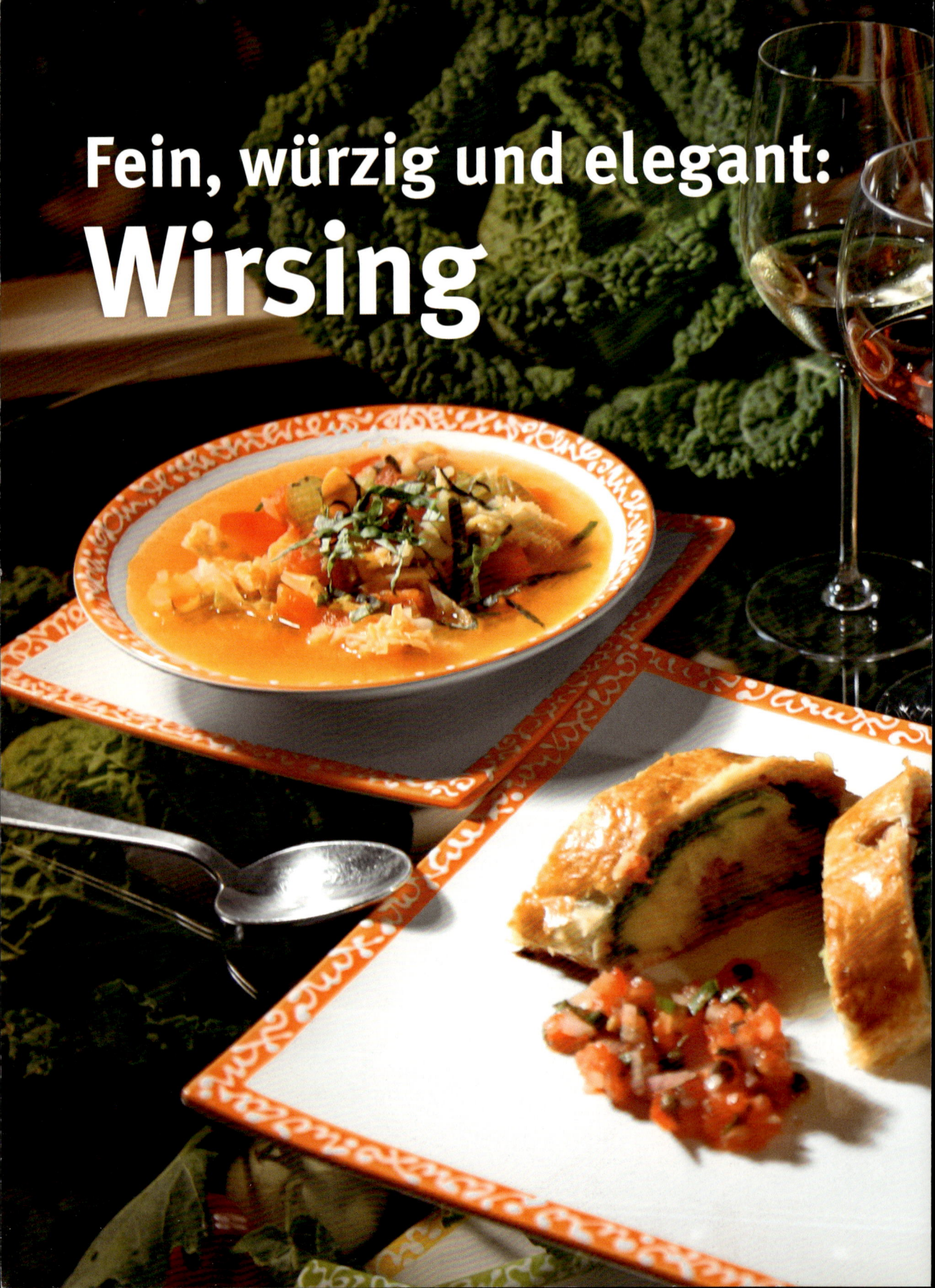

Fein, würzig und elegant:
Wirsing

Wirsing:
Ein krauser Kopf für viele gute Dinge

Der Kohl hat bei uns ja kein besonders glamouröses Image, beim Wort allein meint mancher schon den jahrhundertealten Muff aus ärmlichen Hausfluren zu riechen. Das ist bei Wirsing anders, schon sein Name hat einen feineren Klang, man glaubt sofort, dass sich auch elegante Gerichte aus ihm zaubern lassen.

Tipps für den Einkauf

Natürlich sollten die Wirsingköpfe schön frisch aussehen, sich prall und fest anfühlen, die Blätter straff, nicht welk sein, und er sollte möglichst keine oder wenig Verletzungen haben. Praktisch ist, dass man immer zwischen größeren und kleineren Köpfen wählen kann. Und, falls man doch nicht den ganzen Kopf auf einmal verarbeiten möchte: Er hält sich, die Schnittfläche mit einem feuchten Küchentuch abgedeckt, im Gemüsefach des Kühlschranks durchaus einige Tage. Dabei sollte man allerdings bedenken, dass sich das im frischen Wirsing reichlich enthaltene Vitamin C in dieser Zeit rasant abbaut.

Was alles Gutes drinsteckt

Im Wirsing findet sich von allen wichtigen Mineralstoffen wie Natrium, Kalium und Calcium mehr als in all den anderen Kohlsorten, vor allem Phosphor und Eisen. Nur beim Magnesium liegt der Weißkohl höher. Für die Verdauung besonders wichtig ist jedoch der stattliche Ballaststoffgehalt, der für eine gute und rasche „Verarbeitung" sorgt. Natürlich sollte man all diese wichtigen Inhaltsstoffe nicht durch Unachtsamkeit vernichten – den Wirsing also nicht totkochen, sondern so schonend wie nur möglich verarbeiten.

ZUTATEN

Für vier Personen:

4–5 getrocknete Tomaten
1 Zwiebel
2–3 EL Olivenöl
100 g durchwachsener Speck
3–4 Knoblauchzehen
3 Stängel Petersilie
1 kleiner oder ½ Wirsingkopf
Salz, Pfeffer
Muskat
Zucker
Cayennepfeffer

Wirsinggemüse mit Tomatenduft

Eine schöne Beilage zu gebratenem oder gekochtem Fleisch (Siedfleisch) oder auch als ein eigenständiges, einmal (fast) fleischloses Gericht, nicht nur für Vegetarier.

1 Die Tomaten knapp mit kochendem Wasser bedecken und einweichen. Inzwischen die Zwiebel fein würfeln, im Topf im heißen Olivenöl andünsten. Den in sehr feine Streifchen geschnittenen Speck zufügen, ebenso den zerdrückten und gehackten Knoblauch, etwas fein geschnittene Petersilie sowie die eingeweichten, fein gewürfelten Tomaten. Alles miteinander ein bis zwei Minuten schmurgeln lassen.

2 Die äußeren, dunklen Blätter vom Wirsing entfernen, den Wirsingkopf (eventuell sogar in kochendem Salzwasser kurz blanchieren) in fingerbreite Streifen schneiden und zum Soffritto in den Topf geben. Gut mischen und bei milder Hitze langsam gar dünsten. Dabei mit Salz, Pfeffer, Muskat, je einer Prise Zucker und Cayennepfeffer kräftig würzen. Nach gut 10 bis 15 Minuten müsste der Wirsing zart sein, dürfte aber noch Biss haben. Jetzt die restliche Petersilie unterrühren.

3 Als Beilage, zum Beispiel auch zu gebratenem Fischfilet, oder als Gemüsegericht servieren.

GETRÄNK

Ein gradliniger, trockener Weißwein, ein Riesling zum Beispiel von der Nahe oder aus Franken. Riesling ist deswegen so ideal, weil seine etwas prägnantere Säure den Wirsing auch noch bekömmlicher macht.

ZUTATEN

Für vier bis sechs Personen:

1 großer Wirsingkopf
Salz
1 kg gekochte Kartoffeln
(können auch vom Vortag sein)
Salz, Pfeffer
Muskat
300 g gekochter Schinken (in dicken Scheiben) oder
Bratenreste
200 g geriebener Käse
2 Eier
⅛ l Sahne
⅛ l Brühe oder Milch
Balsamico
Butterflöckchen

Wirsingauflauf

Wunderbar für Gäste: Der Auflauf steht fix und fertig eingeschichtet parat und wird kurz bevor gegessen werden soll einfach in den heißen Backofen geschoben.

1 Den Wirsing putzen, die Blätter ablösen und in einem großen Topf in Salzwasser blanchieren. In streichholzschachtelgroße Flecken schneiden, die dicken Blattrippen heraus- oder flachschneiden. Die Kartoffeln pellen und in Scheiben hobeln. Abwechselnd mit den Wirsingfleckchen in eine feuerfeste Form schichten, jede Schicht mit Salz, Pfeffer und Muskat würzen, außerdem Schinkenwürfel und geriebenen Käse dazwischen streuen.

2 Schließlich Ei, Sahne und etwas Brühe verquirlen, kräftig würzen, vor allem mit einem Spritzer Balsamico, und über die Wirsing-Kartoffel-Mischung gießen. Obenauf Butterflöckchen setzen und eine halbe Stunde bei 200 °C im vorgeheizten Ofen (Heißluft 180 °C!) backen.

BEILAGE
Eine große Schüssel grüner Salat.

GETRÄNK
Wie für das tomatenduftende Gemüse eignet sich auch hier ein kraftvoller Riesling.

ZUTATEN

*Für vier bis acht Personen
(je nachdem, ob Gericht oder
Häppchen):*

1 mittelgroßer Wirsingkopf
Salz
1 Zwiebel
2–3 Knoblauchzehen
2–3 Chilis
6–8 EL Olivenöl
1 Bund frische Minze
500 g Schweinehack
4–6 Anchovisfilets
Salz, Pfeffer
Macis (gemahlene Muskatblüte)
frische Minze
ca. ½ l Brühe

Frische Tomatensauce:
4–5 reife Tomaten
2–3 EL Olivenöl
Salz, Pfeffer
Basilikum
einige Tropfen Balsamico
2–3 EL kleine Kapern

Wirsingröllchen

*Kann man entweder als Vorspeise in einem Menü servieren oder als
ganze Mahlzeit. Die Röllchen sind auch ein schönes Fingerfood – dann
sollten sie allerdings auch wirklich nicht größer als ein kleiner Daumen
sein …*

1 Zunächst die Blätter vom Wirsingkopf ablösen und in Salzwasser
blanchieren. Das gelbe Herz für die Füllung vorsehen, dafür sehr fein
hacken.

2 Jetzt die Füllung zubereiten: Zwiebel, Knoblauch, ein bisschen Chili,
alles fein gehackt, nacheinander im heißen Öl andünsten. Auch das gehackte Innere des Wirsings kurz mitbraten. Etwas abkühlen lassen und
gut mit dem Schweinehackfleisch mischen (kein Ei, das macht die Füllung hart; das Eiweiß vom Fleisch sorgt für genügend Bindung). Mit An-
chovis (sehr fein hacken!), Macis und viel frischer Minze würzen!

3 Diese Farce teelöffelweise in die Blätter wickeln und kleine (!!) Röllchen wickeln. Nebeneinander in einem breiten, flachen Topf in heißem
Olivenöl anbraten – immer mit der Nahstelle nach unten beginnen, damit das Röllchen zusammenhält –, mit dünner Brühe benetzen und zugedeckt gar schmurgeln.

4 Für die Sauce die Tomaten mit kochendem Wasser überbrühen, eiskalt abschrecken, dann die Haut abziehen. Kerne und harten Strunk ent-

fernen, das Fleisch fein würfeln. In einer Schüssel mit Olivenöl verrühren, salzen und pfeffern, das fein geschnittene Basilikum sowie den Balsamico unterrühren. Dann in einem Sieb über einer Schüssel abtropfen lassen (den Saft trinken – nicht wegschütten; schmeckt prima!). Erst jetzt die Kapern untermischen und nochmals abschmecken.

5 Die Röllchen auf dem Teller anrichten und die Tomatensauce in kleinen Klecksen dekorativ drumherum verteilen.

BEILAGE
Dazu gibt's Brot – wem das nicht reicht, der serviert einen schönen Klacks Kartoffelpüree. Wer die Röllchen als Fingerfood serviert, richtet sie auf einer Platte an, dazu Zahnstocher zum Nehmen und Aus-der-Hand-essen.

GETRÄNK
Je nachdem, wie die Röllchen angeboten werden: als Hauptgericht, dann passt gut ein Gutedel oder Silvaner; werden sie als Fingerfood gereicht, ein trockener Muskateller oder ein Riesling-Winzersekt.

TIPP

Kaufen Sie beim nächsten Mal in Italien Kapern auf dem Markt oder im Supermarkt. Dort bekommen Sie für wenig Geld eine ganze Kilodose Kapern, die in Salz eingelegt sind – so werden sie nämlich ursprünglich hergestellt: Die Knospen des Kapernstrauchs nicht in Salzlake eingelegt wie in der Industrieproduktion, sondern in Meersalz – wo sie in vierzehn Tagen bis vier Wochen fermentieren und zu Kapern heranreifen. Vor dem Gebrauch entnimmt man die benötigte Menge, spült sie in einem Sieb gut ab und legt sie in einem Schraubglas mit einem guten Essig bedeckt ein. So schmecken Kapern einfach besser, und meist auch denen, die sie sonst nicht so gerne mögen ...

ZUTATEN

Für drei bis vier Personen:

1 Rolle TK-Blätterteig (man kann auch türkischen Yufkateig verwenden)
200 g gekochter Schinken in dünnen Scheiben
1 kleiner Wirsingkopf
Salz
1 Portion Kartoffelpüree
(aus ca. 500 g frisch gekochten Kartoffeln, ⅛ l Milch, 1 EL Butter, Salz, Muskat)
4–6 frische (rohe), grobe Bratwürste
1 Eigelb
2 EL Milch

Wirsing im Blätterteig

Ein schöner Hingucker auf dem Party-Büffet: Schmeckt frisch aus dem Ofen, aber auch kalt.

1 Den Teig auf der Arbeitsfläche ausbreiten, mit den Schinkenscheiben belegen, an einer Längskante einen breiten und an den Seiten einen schmalen Rand freilassen. Die in Salzwasser blanchierten Wirsingblätter in mehreren Lagen darauf ausbreiten und gut mit Pfeffer und Muskat würzen.

2 Das Kartoffelpüree (dafür frisch gekochte, noch heiße Kartoffeln pellen, durch eine Presse drücken, mit der heißen Milch und Butter zu Püree verarbeiten, dabei salzen und mit Muskat würzen) auf dem Wirsingbett verstreichen. In die Mitte davon in einer Linie die aus ihrer Pelle gelösten Bratwürste setzen. Jetzt alles aufrollen, aber nicht zu eng wickeln, damit nichts herausquillt. Die Rolle an den Seiten einschlagen und dann mit der Nahtstelle nach unten auf ein mit Backfolie oder -papier bedecktes Blech setzen. Mit einer Mischung aus Eigelb und Milch gleichmäßig einpinseln. Mit einem kleinen runden Ausstecher kleine Luftlöcher in die Teigoberfläche schneiden, damit der Dampf entweichen kann.

3 Im 200 °C heißen Backofen (Umluft, Ober-/Unterhitze 220 °C) etwa 30 Minuten backen, bis die Rolle schön gebräunt ist – eventuell zwischendurch noch mal einpinseln.

4 Vor dem Anscheiden die Blätterteigrolle etwa fünf Minuten ruhen und sich setzen lassen. Erst dann in knapp zweifingerbreite Scheiben schneiden und servieren.

BEILAGE
Dazu gibt's Salat.

GETRÄNK
Bier passt gut, oder ein herzhafter Riesling, zum Beispiel eine Spätlese aus der Pfalz. Man könnte aber auch einen deftigen Rotwein dazu trinken, einen Sangiovese aus der Romagna oder den Marken vielleicht, oder einen Montepulciano aus den Abruzzen.

Schlankmacher Wirsingsuppe

Die so genannte Magische Kohlsuppe geistert ja schon seit Jahren als Geheimtipp durch die Lande, angeblich das ideale Mittel, um schnell hässliche Pfunde zu verlieren! Keine Angst, wir wollen uns heute nicht einfach diesem Chor anschließen, aber unsere Wirsingsuppe hilft Ihnen vielleicht tatsächlich, beides zu vereinen: Es ist nämlich eine wirklich gute Suppe, die schmeckt, satt macht und dem Körper alles Wich-

ZUTATEN
Für zwei Personen:

1 große Zwiebel
1 kleiner Wirsing
Knoblauch und Chili
nach Geschmack
1 Pfund Tomaten
1 rote Paprikaschote (sieht am
Ende schöner aus als der grüne
Paprika)
3–4 Stängel Stangensellerie
Petersilie
1 EL Olivenöl

tige liefert, aber nur so wenig Kalorien hat, dass man sich tatsächlich ein paar Tage davon ernähren und so elegant abnehmen kann. Warum die klassische, angeblich magische Kohlsuppe einem nach kurzer Zeit auf den Keks geht: Immer wieder aufgewärmt, entwickelt Kohl am Ende tatsächlich nur noch wenig Geschmack, dafür im Körper blähende Gase. Deshalb sollte man lieber nur so viel auf einmal kochen, wie in zwei, höchstens drei Tagen verspeist wird.

1 Im Grunde werden alle Zutaten für die Suppe nur klein geschnitten und nacheinander in einen passend großen Topf gefüllt. Das Geheimnis, damit es auch wirklich gut schmeckt, ist ein kleiner Löffel Olivenöl. Der liefert nur unwesentlich Kalorien, dafür aber viel Geschmack! Darin wird zunächst die Zwiebel angedünstet, dann kommen Wirsing und alle andere Gemüse sowie Knoblauch und nach Geschmack Chili hinzu. Nur eine Handbreit Wasser angießen, salzen und pfeffern und zugedeckt leise etwa zehn Minuten köcheln, bis alles weich ist.

2 Die erste Portion wird so gegessen. Zu den folgenden Mahlzeiten kann immer wieder ein kleiner Anteil frisches Gemüse zugefügt werden. Und am Ende, wenn die Basis wiederholt aufgekocht wurde, wird sie püriert: Einfach mit dem Mixstab darin spazieren gehen – so bekommt die Suppe nicht nur eine andere Konsistenz, sondern auch einen anderen Geschmack.

3 Außerdem zum Immer-wieder-Abwandeln erlaubt: reichlich frische Kräuter – Basilikum, Schnittlauch, Kerbel, Minze oder auch Petersilie.

Wenn Sie das eine Woche durchhalten, zugleich öfter die Treppe als den Aufzug nehmen, womöglich noch zusätzlich radeln, schwimmen oder sich sonst wie bewegen, dann nehmen Sie garantiert ein paar überflüssige Pfunde ab!
Und das Schöne ist: Ein Glas Wein dazu ist ausdrücklich erlaubt, denn es fördert den Stoffwechsel, kurbelt die Verdauung an und hebt die Laune. Viel Erfolg also beim Abnehmen …

GETRÄNK
Dazu passt dann ein duftiger Rotwein (Valpolicella/Venetien), ein aromatischer Rosé (zum Beispiel aus der Rebsorte Nerello Mascalese/Sizilien) oder ein kräftiger Weißwein (Sauvignon Blanc/Friaul).

Übrigens: Wer keine Gewichtsprobleme hat, der würzt die Suppe noch zusätzlich mit einem Schuss frischem Olivenöl (schmeckt nicht nur, sondern macht sie auch bekömmlicher!) und streut sich frisch geriebenen Parmesan darüber – denn was ist diese Suppe im Grunde anderes als eine italienische Minestrone?

Groß in Mode:
Kürbis

Kürbis – rund, dick und gewichtig
Neue Rezeptideen für das Schwergewicht

Wohin man im Herbst schaut, auf dem Markt, auf dem Land am Straßenrand, sogar im Supermarkt: Berge von Kürbissen in allen Formen und Farben. Oft leuchten sie nach Einbruch der Dämmerung auch als gruselige, von Kerzenlicht erhellte Fratze neben der Haustür, um die Geister zu vertreiben.

Kürbisse gibt's in unendlicher Vielfalt, und es wäre zu schade, sie nur als Halloween-Dekoration zu verwenden. Wir haben wieder mal neue Rezeptideen rund um das Schwergewicht ausgetüftelt: statt der ewig gleichen, auf die Dauer ziemlich eintönigen Kürbissuppe diesmal einen feinen, eleganten Kürbiscappuccino mit Ingwerschaum und Korianderöl.

Kürbiscappuccino mit Ingwerschaum und Korianderöl

Am besten eignen sich dafür festfleischige Kürbisse, die beim Pürieren schön cremig werden: französischer Muskat- oder der praktische Hokkaidokürbis – letzteren braucht man nicht zu schälen, und das erspart viel Mühe.

1 Den Kürbis halbieren, die Kerne entfernen, das Fleisch würfeln. Die Zwiebel fein würfeln und in einem ausreichend großen Topf im heißen Öl (beide Sorten) andünsten. Sehr fein gewürfelten Ingwer, Knoblauch und Chili zufügen. Erst dann das Kürbisfleisch mitdünsten und schließlich mit wenig Wasser auffüllen, nur knapp bedecken. Salzen und pfeffern und zugedeckt 30 Minuten lang sanft gar kochen.

2 Am Ende mit dem Pürierstab glatt mixen. Jetzt Sahne und so viel Brühe angießen, bis die gewünschte (nicht zu dicke!) Konsistenz erreicht ist. Mit Fisch- und Sojasauce, Zucker, Balsamico und Zitronensaft abschmecken.

3 Für den Ingwerschaum Milch und Sahne erhitzen, den fein geriebenen Ingwer hineinrühren und ziehen lassen.

4 Für das Korianderöl die abgezupften Blätter mit Salz und Öl glatt mixen.

5 Zum Servieren die Kürbissuppe erhitzen, nochmals abschmecken und auf Kaffeetassen verteilen. Die Ingwermilch mit dem Mixstab oder dem Dampfstab der Espressomaschine aufschäumen, den Schaum mit einem Löffel auf die Oberfläche der Suppe streifen. Mit Klecksen von Korianderöl beträufeln und sofort servieren.

GETRÄNK
Eigentlich trinkt man ja zur Suppe nichts, aber es würde ein trockener Sherry dazu gut passen, am besten ein eleganter, heller Manzanilla, den man auf Eiswürfeln servieren kann und der dann weniger Alkohol hat als ein normaler Sherry.

ZUTATEN
Für vier bis sechs Personen:

1 kleiner Hokkaidokürbis
(ca. 400 g Fleisch)
1 Zwiebel
2 EL Erdnussöl
1 TL Sesamöl
1 walnussgroßes Stück Ingwer
2–3 Knoblauchzehen
1–2 Chilischoten
250 ml Wasser
Salz, Pfeffer
ca. 150 ml Sahne
250 ml Hühnerbrühe
1 EL Fischsauce
1 Spritzer Sojasauce
½ TL Zucker
Balsamico
Zitronensaft

Ingwerschaum:
250 ml Milch
2–3 EL Sahne
1 dicke Scheibe Ingwer

Korianderöl:
1 Handvoll Koriandergrün
1 Prise Salz
125 ml Olivenöl

Kürbiscannelloni mit weißer und grüner Sauce

In der Emilia, der kulinarisch so spannenden Region in Norditalien, liebt man Kürbis besonders. Zum Beispiel als Füllung für Ravioli; davon haben wir uns für dieses Rezept inspirieren lassen. Am besten eignet sich hierzu ein möglichst festfleischiger Kürbis, zum Beispiel der kleine Hokkaidokürbis oder ein Stück vom Muskatkürbis. Den Nudelteig kann man natürlich fertig von der Rolle kaufen – wenn man ihn selber macht, hat man jedoch in der Hand, wie dünn er ist und wie zart deshalb die Cannelloni werden.

ZUTATEN

Für sechs Personen:

Kürbisfüllung:
1 kleiner Hokkaidokürbis oder ca.
500 g Kürbisfleisch (ohne Schale)
2 EL Olivenöl
2 Knoblauchzehen
1 Chilischote (frisch oder getrocknet)
Salz, Pfeffer
1 Eigelb
150 g frisch geriebener Parmesan
Petersilie
3–4 Amaretti (Mandelkekse)
Muskat
Balsamico
ca. 500 ml Brühe

Nudelteig:
400 g Mehl
4 Eigelb
2 ganze Eier
Salz
1 EL Olivenöl
(oder 1 Rolle fertiger Nudelteig)

1 Den Kürbis halbieren, die Kerne mit einem Löffel herausstreifen und wegwerfen. Die Hälften in 2 bis 3 Zentimeter große Würfel schneiden und auf einem großen Stück Alufolie verteilen, das mit Öl eingepinselt wurde (damit der Kürbis nicht anklebt). Den zerdrückten Knoblauch und die fein gewürfelte Chilischote zufügen und mit Salz und Pfeffer würzen. Die Alufolie über dem Kürbis zu einem Paket verschließen.

2 Für ca. 30 Minuten in den 220 °C heißen Ofen legen, bis das Kürbisfleisch weich ist. Dann lässt sich es ganz leicht mit einer Gabel zerdrücken – falls nicht: mit dem Pürierstab glatt mixen. Das Püree in eine Schüssel füllen, Eigelb, Parmesan und fein gehackte Petersilie sowie die zerbröselten Amaretti einarbeiten und mit Muskat und Balsamico kräftig abschmecken.

3 Für den **Nudelteig** Mehl, Eigelb und Eier sowie Salz und einen guten Schuss Olivenöl zusammenkneten. Falls der Teig zu trocken wirkt, etwas warmes Wasser zufügen. Den geschmeidigen Teig zu einer Kugel formen, in Folie packen und 30 Minuten bei Zimmertemperatur ruhen lassen – damit sich der Kleber entwickeln kann und der Teig schön elastisch wird.

4 Den Teig mit der Nudelmaschine oder dem Nudelholz auf der Arbeitsfläche zu glatten Bändern auswalzen. Diese in Quadrate schneiden. Jeweils einen Streifen Füllung an den Rand setzen und das Teigblatt zur Rolle aufwickeln. Nebeneinander in eine flache Gratinform legen. Mit Brühe knapp bedecken und für ca. 15 Minuten in den 200 °C heißen Backofen stellen, um die Nudelrollen vorzugaren.

5 Inzwischen die **grüne Sauce** kochen: dafür die fein gewürfelte Zwiebel im heißen Öl andünsten, den zerdrückten Knoblauch zufügen und schließlich den grob zerkleinerten Spinat. Mit Brühe auffüllen, aufkochen und mit Salz und Pfeffer würzen. Dann mit dem Pürierstab glatt mixen und gut mit Muskat und Cayenne abschmecken.

6 Für die **weiße Sauce** das Mehl in der heißen Butter andünsten, mit Milch und Sahne ablöschen und 20 Minuten köcheln. Dabei die Zitronenschale entweder im Stück mitkochen (und anschließend wieder rausfischen) oder das Ganze am Ende mit frisch geriebener Zitronenschale würzen. Die fertige, cremige Sauce schließlich mit Cayennepfeffer würzen, den Käse einrühren und darin auflösen und am Ende mit Salz, Pfeffer, Worcestershiresauce und Balsamico abschmecken.

7 Die restliche Brühe aus der Auflaufform zu gleichen Teilen zu den beiden Saucen geben und einmixen.

8 Die beiden Saucen dekorativ zwischen den Cannelloni verteilen und die Form nochmals für ca. 10 bis 15 Minuten in den Ofen stellen, bis alles brodelt. In der Form zu Tisch bringen.

GETRÄNK
Ein fruchtiger Rotwein – etwa ein Spätburgunder aus Württemberg, zum Beispiel vom Weingut Adelmann.

Grüne Sauce:
1 kleine Zwiebel
2 EL Olivenöl
1 Knoblauchzehe
150 g blanchierter Spinat
(auch tiefgekühlt)
250 ml Brühe
Salz, Pfeffer
Muskat
etwas Cayennepfeffer

Weiße Sauce:
1 gestrichener EL Mehl
1 EL Butter
ca. 250 ml Milch
200 g Sahne
1 Stück Zitronenschale
Cayennepfeffer
100 g geriebener Käse (Parmesan oder Grana Padano)
Salz, Pfeffer
1 Spritzer Worcestershiresauce
1 TL Balsamico

Kürbisgnocchi mit Kernöl

Aus derselben Masse wie für die Cannellonifüllung lassen sich auch Gnocchi machen. Sie sind entweder ein fabelhaftes Zwischengericht, wie man es in Italien liebt, oder eine Beilage, zum Beispiel zu Schnitzel, Lammkotelett oder Kaninchenbraten.

1 Die Kürbismasse wie auf S. 36 beschrieben herstellen. Ein zweites Eigelb unterrühren sowie etwas Mehl – nur so viel, wie unbedingt nötig ist, damit sich die Masse formen lässt. Je weniger man davon zufügt, desto zarter werden nachher die Gnocchi.

2 Etwas abkühlen und im Kühlschrank fest werden lassen. Dann zu einer Rolle formen, mit einem bemehlten Messer fingerdicke Scheiben abschneiden. Aus jeder Scheibe zwei walnussgroße Bällchen formen und mit einer Gabel flach drücken. Vorsichtig in siedendes Salzwasser befördern und so lange leise ziehen lassen, bis die Gnocchi oben schwimmen.

3 Mit einer Schaumkelle herausheben und abtropfen lassen. In tiefen Tellern anrichten, mit gerösteten Kürbiskernen bestreuen und mit Kürbiskernöl beträufeln.

ZUTATEN
Für drei bis vier Personen:

1 Portion Kürbisfüllung
(siehe Cannelloni-Rezept S. 160),
1 Eigelb
2–3 gehäufte EL Mehl

Außerdem:
Mehl zum Formen
Kürbiskerne
Kürbiskernöl

BEILAGE
Gut schmeckt dazu ein grüner Salat.

GETRÄNK
Ein kräftiger Rotwein – zum Beispiel aus dem Burgenland, wo man sich darauf ebenso gut versteht wie auf Kürbis!

Kürbiskernöl – das steirische Gold

Aus den dunkelgrünen Kernen des steirischen Ölkürbisses wird bereits seit Jahrhunderten in der Steiermark ein wertvolles, sehr begehrtes Speiseöl gepresst. Es mag auf den ersten Blick befremden, denn es sieht zunächst eher ungewöhnlich aus, so dunkel, fast schwarz. Aber es duftet und schmeckt köstlich – es hat einen intensiv nussigen Geschmack. Und überdies ist Kernöl, wie man in Österreich kurz sagt, sehr gesund! Es enthält reichlich ungesättigte Fettsäuren, die wir zur Vitaminbildung, zum Aufbau der Zellwände und der Hormone brauchen. Es gilt als gut bei Blasenbeschwerden, soll der Prostata helfen. Es enthält wichtige Mineralstoffe wie Kalzium, Eisen, Kalium, Magnesium und vor allem auch das seltene und für den Körper so wichtige Selen, das als krebshemmend gilt. Kürbiskernöl schützt erwiesenermaßen stärker vor freien Radikalen als jedes andere Speiseöl!

Seine Qualität erkennt man übrigens an der typischen tiefdunklen Farbe, die sich vor dem Hintergrund eines weißen Tellers in einem leuchtenden, tiefdunklen Grün zeigt. Mindere Qualitäten, nämlich Öl aus zu heiß gerösteten Kernen, zeigen bei diesem Test einen braunrötlichen Ton. Öl aus geschälten oder schalenlos gewachsenen Kernen (eine Neuzüchtung, kommt häufig aus China) ist heller und eher gelblich, es fehlt ihm außerdem der typisch nussige Geschmack.

Kürbiskernöl sollte man immer vor Sonnenlicht schützen, also stets dunkel und eher kühl aufbewahren, so hält es bis zu einem Jahr. Man kann es sogar, wenn man es ganz frisch aus der Presse bekommen hat, portionsweise einfrieren – dann schmeckt es nach dem Auftauen und mit Zimmertemperatur wie frisch gepresst, einfach sensationell!

Und noch ein praktischer Tipp: Flecke von Kürbiskernöl auf der weißen Bluse sind scheußlich und widersetzen sich hartnäckig allen Reinigungsbemühungen. Sie gehen jedoch mühelos wieder raus, wenn man den Fleck mit Zitronensaft einreibt und sie für eine Weile in die direkte Sonne legt.

Gebackene Kürbisschnitten mit Tomaten

Schnell gemacht, ein ebenso hübscher wie appetitlicher Imbiss oder eine delikate Vorspeise. Welche Seite Sie dafür verwenden, ist gleich.

1 Den Kürbis schälen, in zentimeterdicke Scheibchen schneiden, die Kerne herausstreifen. Auf einem mit Öl bepinselten Blech verteilen; gut eingeölt, gesalzen, gepfeffert und mit Oregano bestreut zunächst im 150 °C heißen Ofen ca. 10 Minuten backen, bis das Fleisch fast weich ist.

2 Inzwischen die Tomaten häuten, entkernen, sehr fein hacken und in einem Sieb gründlich abtropfen lassen. Schließlich mit zerdrücktem Knoblauch, Salz und Pfeffer würzen. Jeweils einen Klecks davon auf die Kürbisschnitten setzen. Obenauf 1 Scheibchen Mozzarellakäse und in Streifen geschnittenes Basilikum geben. Erneut in den Ofen schieben, etwa 10 Minuten lang, bis der Käse geschmolzen ist. Heiß, also sofort servieren.

ZUTATEN
Für sechs Personen

1 Stück Kürbis (ca. 500 g)
Olivenöl
Salz, Pfeffer
1 EL Oregano
3 reife Tomaten
1 Knoblauchzehe
100 g Mozzarella
Basilikum

BEILAGE:
Es genügt frisches Brot. Serviert man dazu noch eine Scheibe gedämpftes Fischfilet oder ein Lammkotelett, hat man ein perfektes Herbstessen!

GETRÄNK:
Dazu ein kräftiger Weißwein, ein gehaltvoller Weiß- oder Grauburgunder etwa, dessen wuchtiger Körper mit der Süße des Kürbisses und den Gewürzen harmoniert.

Kürbiskonfitüre

Passt glänzend zum Käse – aber durchaus auch aufs Frühstücksbröt-chen! In einem schönen Glas ist die Kürbis-Konfitüre auch ein hüb-sches Geschenk!

1 Das Kürbisfleisch würfeln, mit Zucker und Apfelsaft vermischen und abgeriebene Zitronenschale unterrühren. Aufkochen – möglichst im Kupfer- oder Messingkessel, der bewirkt, dass die Masse schnell kocht und besser hält –, dabei Sternanis und Zimt sowie die getrockneten Chilis ohne Stiel mitkochen. Wer frische Chilis verwendet, gibt sie erst am Ende hinzu, sehr fein gewürfelt und ohne Kerne.

2 Wie lange die Konfitüre kochen muss, hängt von der Sorte ab: wasserhaltiges Kürbisfleisch braucht länger, mürbes ist schneller am richtigen Punkt. Ca. 10 bis höchstens 15 Minuten müssten genügen.

3 Die Gelierprobe zeigt, ob die Masse die richtige Konsistenz hat: Einen Tropfen Konfitüre auf einen zuvor kalt gestellten Teller geben: Er sollte stehen bleiben und nicht gleich zerfließen.

4 Schließlich die Gewürze aus der Konfitüre wieder herausfischen und mit dem Pürierstab in der Masse „spazieren gehen". Gelee in saubere Schraubgläser abfüllen, diese verschließen, auf den Kopf stellen und so abkühlen lassen.

ZUTATEN
Für ca. sechs Gläser à 200 g:

1 kg Kürbisfleisch
900 g Zucker
ca. 250 ml Apfelsaft
1 Zitrone
2 Sternanis
1 Zimtstange
ca. 5 getrocknete
oder 2–3 frische Chilis

Kürbismuffins

Ohne viel Aufwand gemacht und einfach entzückend. Gut zum Kaffee, auch ein hübsches Mitbringsel!

1 Die Butter schaumig schlagen, die Eier sowie den Zucker unterrüh-ren. Anschließend die Milch und den Mandellikör zufügen.

2 Mehl, Backpulver und die Prise Salz durch ein Sieb zufügen und un-termengen. Am Ende auch die zerkrümelten Amaretti, das Kürbisfleisch und die gehackte oder geraspelte Schokolade unterrühren.

3 Diese Masse in gründlich ausgebutterte oder mit Papierförmchen ausgekleidete Muffinförmchen füllen. Bei 180 °C im vorgeheizten Ofen (Heißluft) ca. 40 bis 45 Minuten backen.

ZUTATEN
Für zwölf Stück:

150 g Butter
2 Eier
80 g Zucker
120 ml Milch
2 EL Mandellikör (Amaretto)
300 g Mehl
2 TL Backpulver
1 Prise Salz
50 g Amaretti (Mandelplätzchen)
400 g geraffeltes Kürbisfleisch
100 g Bitterschokolade
Butter für die Förmchen

Linsen-Vielfalt

Linsen:
Vom Kellerkind zum Küchenstar

Sie gehören zu den ältesten Lebensmitteln der Weltgeschichte, sie kommen schließlich schon in der Bibel vor. Obwohl die Bibel über das Rezept des Linsengerichts, für das Esau sein Erstgeburtsrecht hergab, nicht ins Detail geht, kann man vermuten, dass es wohl rote Linsen waren. Sie sind auch heute noch in den arabischen Ländern besonders beliebt. Linsensorten gibt es jede Menge, und sie können verblüffend unterschiedlich aussehen: große, kleine, helle, grüne, gelbe, sogar schwarze!

Linsen liebt man in allen Küchen der Welt! Bei uns sind sie allerdings lange in Verruf gewesen, galten als Arme-Leute-Essen, als das Einfachste vom Einfachen. Das hat sicher etwas mit den schlechten Zeiten und den Eintopfsonntagen im letzten Krieg zu tun. Aber heutzutage sind Linsen längst auf den Tischen der Feinschmecker zu finden; immer wieder entwickeln die anspruchsvollsten unter den Küchenchefs neue Kreationen. Und, das ist ganz besonders erfreulich, es werden inzwischen sogar Linsen wieder bei uns angebaut und als feine Spezialität

gepflegt. Das sollte man unterstützen und danach Ausschau halten.
Zum Beispiel gibt es Landwirte, die auf der Schwäbischen Alb wieder
Linsen produzieren, wo sie ja auch in alten Zeiten angebaut wurden
und die Menschen redlich ernährten.

Die wichtigsten Sorten

Die bei uns üblichen Linsen sind hellbraun, manchmal ein bisschen
ins Grüne spielend. Es gibt sie in unterschiedlichen Größen, meist
haben sie einen Durchmesser von 3–4 Millimetern. Dann heißen sie
Tellerlinsen, und weil sie schön mehlig sind, geben sie dem Eintopf
eine angenehme Bindung. Unter ihrer grünlich-bräunlichen Schale
steckt wie in den kleinen grünen Linsen aus Le Puy in Zentralfrank-
reich, die als umso feiner je kleiner gelten, oft ein gelber Kern. Die
Le-Puy-Linsen haben jedoch eine dunkelgrüne Schale mit schwarzen
Sprengseln. Manche sind regelrecht gefleckt. Es gibt sogar raben-
schwarze Linsen, die man gern vornehm Belugalinsen nennt, wie den
feinsten Kaviar, dem sie tatsächlich, wenn sie gekocht sind, ein wenig
ähneln. Denn nach dem Kochen hellt sich ihr glänzendes Schwarz in
ein feines, mattes Perlgrau auf – wie guter Kaviar. Braune Linsen gibt
es in unterschiedlichen Abstufungen: die kleinen, hellbraunen nennt
man liebevoll Champagnerlinsen, sie gelten als die feinsten und ele-
gantesten. (Ihren Namen verdanken sie ihrer Herkunft, sie stammen
ursprünglich aus der Champagne.) Die etwas dunkleren Linsen, von
einem leicht ins Rötliche spielenden Braun, sind herzhafter im Geschmack. Man ahnt unter ihrer Schale bereits den leuchtend orange-
farbenen Kern – tatsächlich werden sie geschält zu so genannten
roten Linsen.

Alle kleinen Linsen sind eher festkochend, also auch die grünen, die braunen oder die gefleckten, sie geben beim Garwerden keine Stärke ab. Sobald diese Linsen jedoch geschält sind, ihr gelbes, orangefarbenes, manchmal sogar cremigweißes Herz (bei indischen Sorten) freiliegt, zerfallen sie schon nach kurzer Kochzeit regelrecht zu einem Püree. In den Küchen Asiens, vor allem in Indien, aber auch in Malaysia und Indonesien, liebt man diese Pürees, die natürlich heftig mit scharfen Sachen gewürzt werden: mit Ingwer, Chili, Knoblauch. Es ist nämlich die Schale, die Linsen in Form hält. Außerdem steckt in ihr auch das meiste Aroma.

Welche Sorte man wofür verwendet, ist natürlich Geschmackssache – auch Sache des Geldbeutels: Die kleinen Sorten sind teurer als die klassischen Tellerlinsen. Man findet sie eher in Feinkost- oder guten Naturkostläden. Dort kann man oft unter einer reichen Vielzahl von Linsen auswählen – probieren Sie am besten einfach mal unsere Rezepte mit den verschiedensten Sorten! Die Kochzeit ist – deshalb aufpassen! – je nach Größe unterschiedlich.

Winzige Linsen:
Sie stecken voller wichtiger Inhaltsstoffe

Linsen haben nicht von ungefähr eine so eindrucksvoll lange Tradition in den Küchen der Welt: Sie gedeihen auch auf armen Böden, bieten dort Nahrung, wo es sonst sehr karg zugeht. Sie gehören zu den Hülsenfrüchten, den Leguminosen, jeweils zwei bis drei Linsen reifen in einer Schote.

Im Appetitlexikon von 1894 galt die Linse noch »als die unbeliebteste unter den Hülsenfrüchten«. Dabei liefert sie gleich ein ganzes Bündel an wichtigen Nährstoffen. Linsen sind reich an besonders bekömmlichem Eiweiß, das vom Körper gut verwertet werden kann. Sie enthalten viele Aminosäuren, die der Körper zum Aufbau eigener Proteine benötigt. Deshalb sind sie ein guter Ersatz für tierisches Eiweiß. Ihre komplexen Kohlenhydrate spenden Energie, außerdem beschäftigen sie den Verdauungstrakt eine Weile und geben so lange ein befriedigendes Gefühl der Sättigung. Dazu kommen Faser- und Ballaststoffe, die den Darm fit halten und nebenbei helfen, Schadstoffe aus dem Körper zu transportieren. Reichlich ist auch das Angebot an B-Vitaminen. Mineralstoffe und Spurenelemente wie Kalzium, Kalium, Phosphor und

Eisen unterstützen wichtige Körperfunktionen: den Knochenaufbau, Flüssigkeitsaustausch oder den Sauerstofftransport.

Außerdem enthalten sie Saponine, die den Cholesterinspiegel senken, und ihre Phytoöstrogene sollen sogar helfen, Wechseljahrsbeschwerden zu mildern. Mit großer Wahrscheinlichkeit verringern Hülsenfrüchte-Fans ihr Risiko, an bestimmten Krebsarten zu erkranken.

Aber Hülsenfrüchte enthalten auch Purine, deshalb sollten Menschen mit Gicht, übersäuertem Magen oder Nierenerkrankungen damit vorsichtig sein!

Linsen in der Küche

Einweichen oder nicht? Das hängt von der Sorte und vom Alter ab! Die großen Tellerlinsen sind einfach schneller gar, wenn man sie bereits am Vorabend mit knapp zwei Handbreit Wasser bedeckt. Dann brauchen auch solche Linsen, die schon ein paar Jahre im Küchenschrank haben warten müssen, nicht länger als eine Stunde. Gerade kleine Linsen sind jedoch so schnell gar, dass man sich das Einweichen sparen kann. Man sollte überdies während des Kochens immer wieder nachschauen, es ist zu schade, wenn die Linsen aufplatzen und zerfallen, weil man sie zu lange gekocht hat. Die schwarzen Belugalinsen sind zum Beispiel nach 20 Minuten wunderbar zart, ganz ohne Einweichen. Wenn die grünen Le-Puy-Linsen frisch sind, brauchen sie ebenfalls kaum länger. Während uralte Tellerlinsen noch nach zwei Stunden mächtig Biss aufweisen können.

ZUTATEN

Für vier bis sechs Personen:

150 g kleine braune Linsen
Salz
1 Stück Sellerie
1 Möhre
1 Lauchstange
1 Stängel Bleichsellerie
1 Frühlingszwiebel
ca. ½ l Brühe
glatte Petersilie

nach Belieben:
100 g Nordseekrabben, Räucheraal
oder Räucherzunge
3–5 Blatt Gelatine
Essig, Salz und Pfeffer
zum Abschmecken

Außerdem:
Salatblätter (Frisée, Radicchio,
Feldsalat, Chicorée)

Radieschenvinaigrette:
4 Radieschen
2 EL Apfelessig
1 EL Balsamessig
Salz, Pfeffer
4 EL Olivenöl
evtl. 1 Schuss Brühe
1 Bund Schnittlauch

Zitronenmayonnaise:
1 Eigelb
1 EL Delikatesssenf
4 EL Öl (am besten ein mildes
Olivenöl, z. B. aus Ligurien)
Saft einer halben Zitrone
1 Prise Zucker
1 Spritzer Worcestershiresauce
Salz, Pfeffer
2–3 EL Brühe

Linsensülze
mit Radieschenvinaigrette

Eine hübsche Vorspeise in einem Menü, aber auch ein leichtes ganzes Essen, etwa zusammen mit Bratkartoffeln, das sich wunderbar vorbereiten lässt! Wichtig, damit die Sülze schön in Form bleibt, ist die ausreichende Menge an Gelatine. Um zu wissen, wie viel Ihre Förmchen fassen, sollten Sie sie zuerst mit Wasser füllen und diese Menge abmessen: Etwa die Hälfte dieser Menge wird später an Brühe nötig sein, um die Sülzenzutaten zu umschließen; und pro ¼ l braucht man drei Blatt Gelatine, um die Sülze zu stützen – alles klar?

1 Die Linsen mit Wasser reichlich bedeckt einweichen, dann abgießen und mit frischem, gesalzenem Wasser bedeckt weich kochen. Champagnerlinsen sind nach knapp einer halben Stunde gar, Tellerlinsen brauchen länger, kleine braune Linsen weniger.

2 Inzwischen die Gemüse putzen, wo nötig schälen und so akkurat wie möglich linsengroß würfeln. Da ist ein Juliennehobel segensreich, man kann auch die Aufschnittmaschine zu Hilfe nehmen: zuerst in Scheiben schneiden, dann aufeinander stapeln und quer in Streifen, schließlich in Würfel schneiden. Diese Gemüsewürfel, am besten nach Garzeit hin-

tereinander (zuerst also Möhren und Sellerie, dann Lauch und Stangensellerie, schließlich auch Frühlingszwiebeln), in der Brühe ein bis zwei Minuten bissfest kochen. Ganz am Ende die gehackte Petersilie zufügen, die dadurch ebenfalls ihre Farbe stabilisiert. Alles abgießen (die Brühe natürlich auffangen) und in einem Sieb unter fließendem kaltem Wasser abschrecken, damit die Gemüse ihre leuchtende Farbe behalten.

3 Sobald die Linsen weich sind, werden sie abgegossen, mit den Gemüsewürfelchen vermischt. Außerdem kommen jetzt die Nordseekrabben, der in Würfel geschnittene Räucheraal oder die Zunge dazu: einfach untermischen und alles nochmals abschmecken.

4 In Portionsförmchen verteilen, kleine Becher, Souffléförmchen oder Espressotässchen, alles dabei ein wenig festdrücken. Die aufgefangene Brühe nochmals abmessen: auf ¼ l drei Blatt Gelatine nehmen. Diese in kaltem Wasser einweichen, dann in der heißen Brühe auflösen. Jetzt sehr kräftig abschmecken, vor allem mit Salz und Säure – Gelatine schluckt vor allem nach dem Abkühlen eine Menge Geschmack! Die Förmchen damit auffüllen, bis die Zutaten von der Brühe bedeckt sind, und anschließend mit Klarsichtfolie abdecken und in den Kühlschrank stellen.

5 Zum Servieren die Sülzchen aus den Förmchen lösen, stürzen, mit bunten Salatblättern umlegen und mit einer kräuterigen Radieschenvinaigrette umkränzen: Dafür die Radieschen in Stifte hobeln und würfeln. Essig, Salz, Pfeffer und Öl aufschlagen, eventuell mit einem Schuss Brühe verdünnen. Die Radieschenstifte sowie Schnittlauchröllchen unterrühren.

6 Für die Zitronenmayonnaise Eigelb und Senf mit dem Mixstab aufschlagen, langsam das Öl hinzufließen lassen, die hellgelbe Creme würzig und schön säuerlich abschmecken und mit so viel Brühe verdünnen, dass man dekorative Kleckse rund um die Sülze auf den Teller und auf die Salatblätter kleckern kann.

BEILAGE
Frisches Weißbrot oder als Imbiss auch herzhafte Bratkartoffeln!

GETRÄNK
Dazu passt am besten ein kühles Bier. Man kann natürlich auch Wein dazu trinken, einen kräftigen Weißwein etwa, der rund und weich sein darf, oder ein Weiß- oder Grauburgunder. Zum Beispiel aus Baden.

Feines Linsensüppchen mit Aalfilet

ZUTATEN

Für vier bis sechs Personen:

200 g Tellerlinsen
1 Möhre
1 Lauchstange
¼ Sellerie
1 kleine Zwiebel
1–2 Knoblauchzehen
2–3 EL Olivenöl
1 l Brühe
2 Lorbeerblätter
1 kleine Chilischote
Salz, Pfeffer
100 g Sahne
1 Händchen voll frische Minze
Zitronensaft
ca. 300–400 g Räucheraal

Dass das Zeug zum edlen Gourmetgenuss auch in ganz normalen Haushaltslinsen steckt, lässt sich sehr leicht beweisen: Wir kochen sie ganz so wie für einen derben Eintopf, zusammen mit Wurzelwerk und Gewürzen. Allerdings nehmen wir statt schlichtem Wasser schon zum Garen eine aromatische Brühe. Schließlich wird alles mit dem Pürierstab glatt gemixt, mit Sahne abgerundet und mit reichlich frischer Minze aromatisiert. Man kann die Suppe pur, einfach mit knusprigen Croutons servieren. Noch feiner wird sie, wenn man sie durch ein Sieb streicht.

Sehr gut passt dazu geräuchertes Aalfilet als Einlage. Es wird unmittelbar vor dem Servieren in die vorgewärmten Teller gelegt und dann erst mit der heißen, fertigen Suppe übergossen – am besten bereits bei Tisch, damit die Gäste unverzüglich loslegen können.

1 Die über Nacht eingeweichten Linsen abgießen, mit dem gewürfelten Wurzelwerk, gehackter Zwiebel und Knoblauch in einen Suppentopf füllen und in Olivenöl andünsten. Abgetropfte Linsen zufügen, Brühe angießen, Lorbeerblätter und Chilischote in den Topf geben. Salzen, pfeffern, aufkochen und auf kleinem Feuer zugedeckt etwa eine

knappe Stunde langsam weich köcheln. Die Linsen schließlich mit dem Mixstab glatt mixen (Lorbeerblatt, eventuell auch Chili herausfischen und wegwerfen), dabei die Sahne zufügen. Und zum Schluss die Minze mitmixen. Vor allem mit Zitronensaft abschmecken!

2 Raffiniert sind darin Streifen von geräuchertem Aalfilet: Dafür den Aal zunächst häuten, dann das Fleisch von der Mittelgräte heben. Die Filets schräg in fingerbreite Streifen schneiden und in den vorgewärmten Teller auslegen. Mit der heißen Suppe begießen und sofort servieren. Nach Belieben auch knusprige Weißbrotcroutons über die Suppe streuen – das ergibt einen interessanten Biss.

VARIANTEN
Statt der Tellerlinsen können Sie auch alle anderen Linsensorten verwenden, dadurch bekommt die Suppe jedes Mal eine andere Farbe und natürlich auch einen anderen Geschmack! Und mit geschälten Linsen ist diese Suppe geradezu ein Schnellgericht!

GETRÄNK
Hierzu könnte man einen spritzigen Sauvignon trinken, der mit seinem herben Cassisduft mit der üppigen Minze gut zurechtkommt. Zum Beispiel vom Weingut Gross aus der Steiermark.

Linsencremesüppchen

Besonders gut gelingt dieses feine Süppchen mit den kleinen braunen Berglinsen, die man heute sogar bei uns wieder anbaut – auf der Schwäbischen Alb. Würfel von saftigem Kassler als Einlage und knusprige Brotcroûtons machen hieraus ein ganzes Essen.

1 Die Linsen dreifingerhoch mit Wasser bedecken, einen halben Tag einweichen und abgießen. Möhre, Lauch und Sellerie fein (linsenklein) würfeln.

2 In einem Suppentopf das Olivenöl erhitzen, die Gemüsewürfel darin andünsten, die gehackte Zwiebel und den Knoblauch zufügen, nach 2 Minuten auch die Linsen. Salzen und pfeffern. Die Brühe angießen, Lorbeerblätter und fein geschnittene Chilischote hinzufügen. Zugedeckt in 20 bis 30 Minuten alles absolut weich köcheln. Die Linsen sind gar, wenn man sie auf einem Brett ohne Mühe zerdrücken kann.

3 Unterdessen für die Einlage das Kassler zentimeterklein würfeln. Die Brotscheiben in noch kleinere Würfel schneiden und in einer Pfanne im heißen Öl knusprig braten. Am Ende die Hälfte der Schnittlauchröllchen untermischen. Beiseite stellen.

4 Wenn die Linsen weich sind, die Sahne angießen, den Pürierstab in der Suppe spazieren führen, bis sie schön gebunden ist. Es sollte aber noch ein Gutteil der Linsen und des Suppengemüses deutlich sichtbar sein. Noch einmal kurz aufkochen und mit Zitronensaft und Balsamico abschmecken! Eventuell mit etwas mehr Brühe auf die gewünschte cremige Konsistenz bringen.

5 Die Kasslerwürfel 2 Minuten in der heißen Suppe ziehen lassen. Brotcroûtons erst im Teller darüberstreuen, damit sie knusprig bleiben, und zum Schluss die restlichen Schnittlauchröllchen darüberstreuen.

ZUTATEN
Für sechs Personen:

200 g kleine braune Berglinsen
1 Möhre
1 Lauchstange
¼ Sellerieknolle
1 kleine Stange Bleichsellerie
2–3 EL Olivenöl
1 kleine Zwiebel
1–2 Knoblauchzehen
500 ml Brühe
2 Lorbeerblätter
1 kleine Chilischote
Salz
Pfeffer
100 g Sahne
Zitronensaft
Balsamico
eventuell Brühe zum Verdünnen

Einlage:
150 g Kassler
2 Scheiben Graubrot
2–3 EL Olivenöl
Schnittlauch

GETRÄNK
Ein säurefrischer Weißwein, zum Beispiel ein Gutedel. Es passt aber ebenso gut ein herzhafter Rosé oder ein kühles Bier.

Küchentipp:
Wie man Linsen richtig kocht

Immer wieder hört man, man dürfe Linsen nicht vor dem Garwerden salzen. Vergessen Sie diesen Satz!

Hülsenfrüchte in ungesalzenem Wasser gekocht, schmecken fad und lassen sich, entgegen der Meinung vieler, nicht nachsalzen! Das Salz kann nicht mehr richtig eindringen, wird immer obenauf sitzen. Vielleicht der Grund, warum es immer wieder Menschen gibt, die behaupten, Linsen nicht zu mögen. Also: Das Kochwasser natürlich salzen, auch zusätzlich mit Zwiebel, Wurzelgemüse sowie mit Kräutern würzen und den Linsen so ein Umfeld bieten, in dem sie sich entfalten und ihren Wohlgeschmack entwickeln können.

Aber – und das ist wichtig, damit die Linsen schön gleichmäßig garen und weich werden: Linsen niemals sprudelnd kochen! Sie enthalten – wie alle Hülsenfrüchte – viel Eiweiß, und das wird hart, wenn es heftig gekocht wird. Deshalb immer nur einmal kurz das Wasser aufkochen, dann sofort die Hitze so regulieren, dass der Siedepunkt gerade eben nicht erreicht wird. Leise ziehen lassen, bis die Linsen innen weich sind, aber dank ihrer festen Schale noch hauchzarten Biss haben. Keinesfalls dürfen sie innen noch mehlig oder gar hart sein. Wie lange sie dafür brauchen, hängt von unterschiedlichen Faktoren ab: Vor allem, ob es kleine Linsen sind, die bereits nach 20 Minuten gar sein können, oder große, die ohne Einweichen bis zu 2 Stunden und mehr brauchen können, aber auch schon nach 50 Minuten gar sind, wenn sie nicht zu alt sind. Das bedeutet: Man muss immer wieder probieren.

Linsensalat
zu Lammkoteletts

ZUTATEN

Für zwei bis drei Personen:

200 g kleine feine Linsen
(z. B. aus Le Puy)
1 Lorbeerblatt
4–6 Lammkoteletts
3 EL Olivenöl
3–4 Thymianzweige
2 Knoblauchzehen
2 Wacholderbeeren
Salz, Pfeffer
3 Hand voll Salatblätter
(Frisée, Chicorée, Feldsalat-
röschen)
2 EL guter Sherryessig
2–3 EL Nussöl (z. B. Hasel- oder
Walnussöl)
1 EL Balsamessig

Eine möglichst bunte Mischung von Salatblättern dient dem Linsen-
salat als Bett: Frisée zerzupft, Chicorée geschnitten, Radicchio, Früh-
lingszwiebeln und Stangensellerie. Darüber werden zarte Linsen ge-
streut, die mit einer Sauce aus Linsencreme angemacht sind. Natürlich
kann man diesen Salat auch pur als vegetarische Mahlzeit reichen.

1 Die Linsen mit reichlich Salzwasser bedeckt gar köcheln, dabei mit
einem Lorbeerblatt aromatisieren. Inzwischen Lammkoteletts in der
sehr heißen Pfanne im Olivenöl auf beiden Seiten jeweils gut eine Minute scharf braten, das Öl dabei mit Thymian, zerquetschtem Knoblauch und gehackten Wacholderbeeren würzen. Die Pfanne dann vom
Feuer ziehen, die Koteletts immer wieder in der jetzt nachlassenden
Hitze drehen, damit sie schön durchziehen können und saftig bleiben.
Erst jetzt salzen.

2 Die Salatblätter zerzupfen, in einer Schüssel mit einer Marinade aus Sherryessig, Salz, Pfeffer und Haselnussöl (oder einem anderen aromatischen Öl) anmachen. Auf Tellern als Bett verteilen. Zwei Drittel der abgetropften Linsen in dem in der Schüssel zurückgebliebenen Marinadenrest anmachen und auf diesem Bett locker verteilen. Die restlichen Linsen mit Balsamessig und Olivenöl zu einer glatten cremigen Sauce mixen, eventuell, falls nötig, mit einem Schuss Brühe oder Linsensud verdünnen. Gut abschmecken!

3 Die Lammkoteletts auf den Linsen im Salatbett anrichten. Mit Klecksen von Linsensauce beträufeln – ein sehr elegantes, feines Gericht!

BEILAGE
Dazu knuspriges Weißbrot mit einer schönen Krume, damit man die intensive Sauce gut aufnehmen kann.

GETRÄNK
Ein reichhaltiger Weißwein, der eine gewisse Fülle im Mund erzeugen darf, zum Beispiel ein Chardonnay vom Weingut Kopp in Baden.

Linsen im Wirsingpäckchen

ZUTATEN

Für vier Personen:

Linsengemüse:
300 g Tellerlinsen
(oder nach Gusto grüne oder
braune Linsen)
2 Lorbeerblätter
Salz
1 Bund Suppengrün
800 g gepökelte Schweineschulter
(Schäufele) oder Kassler (ohne
Knochen)
1 getrocknete Chilischote
Pfeffer
Muskat
1 Schuss Balsamico

Außerdem:
1 Wirsingkopf

Dafür kocht man zunächst ein Linsengemüse, das mit ein paar pürierten Linsen eine schöne dicke Konsistenz bekommt. Mit den Linsen wird gepökeltes Schweinefleisch mitgegart, ganz langsam und am Stück, damit es saftig bleibt. Würde man die Sache mit etwas Brühe verdünnen, hätte man jetzt einen herrlichen Linseneintopf.
Wir allerdings füllen die Linsen in blanchierte Wirsingblätter, wickeln Päckchen daraus, die man prima vorbereiten kann. Sie werden zum Servieren nur noch im Dampf erwärmt.

1 Die eingeweichten Linsen mit Lorbeerblättern und Salz gar kochen, dabei das fein gewürfelte Suppengrün sowie das Schweinefleisch von Anbeginn an mitkochen. (Wichtig: Wegen ihrer kürzeren Garzeit sollte man bei kleinen Linsen lieber Kassler nehmen, das ebenso schnell gar ist wie die kleinen Linsen. Die Schulter braucht länger, etwa wie die Tellerlinsen!) Natürlich auch die Chilischote mitköcheln lassen. (Beides sollte auf keinen Fall richtig kochen, weil sowohl Linsen wie Fleisch dadurch hart werden. Nur leise ziehen lassen. So bleibt auch das Fleisch schön saftig.)

2 Wenn die Linsen und das Fleisch weich sind, beides zunächst etwas abkühlen lassen, bis man es anfassen kann. (Man kann die Linsen und das Fleisch natürlich auch bereits am Vortag zubereiten.)

3 Das Fleisch herausnehmen, die Gewürze herausfischen und schließlich die Flüssigkeit abgießen (diese natürlich auffangen). Mit dem Pürierstab ein paar Mal in den Linsen herumfahren, um einen Teil von ihnen zu zermusen und so die Masse anzudicken. Erst jetzt das Fleisch zentimetergroß würfeln und unter das Linsengemüse mischen und mit Salz, Pfeffer, Muskat und Balsamico abschmecken.

4 Den Wirsingkopf entblättern, unschöne, löchrige, welke Blätter entfernen, die schönen Blätter waschen und in Salzwasser blanchieren. Wo nötig den Strunk herausschneiden. Jeweils ein oder, wenn sie sehr klein sein sollten, sogar zwei Blätter so auf die Arbeitsfläche legen, dass man sie füllen kann: die keilförmige Öffnung des Strunks übereinander legen, jeweils einen Löffel Linsengemüse mit Fleischwürfeln in die Mitte setzen, das Blatt zusammenschlagen, aufrollen und das Röllchen auf die Nahtstelle setzen, damit es gut zusammenhält. Auf einem mit Öl eingepinselten Teller oder auf einem Dämpfkorb über Wasserdampf etwa 15 Minuten dämpfen. Die Röllchen auf einer Platte anrichten und heiß servieren.

BEILAGE
Ein sahniges Kartoffelpüree.

GETRÄNK
Entweder ein frisches, kühles Pils oder ein würziger Rotwein, zum Beispiel einen Lemberger aus Württemberg. Wir haben dazu die »Kreation« von Dautel getrunken, eine Cuvée aus Cabernet, Lemberger und Merlot.

Linsenaufstrich

Bleiben gekochte Linsen übrig, zu wenig, um daraus noch ein Essen zu strecken, zu schade, den Rest wegzuwerfen, dann wird immer noch ein herrlicher Brotaufstrich daraus: Einfach glatt mixen, etwas Olivenöl dazu und kräftig würzen, mit Schärfe (Currypaste), Knoblauch und einem kleinen Löffel Tomatenpüree. Das ergibt eine köstliche Creme, auf geröstetem Brot ein fabelhafter Happen zwischendurch oder zum Glas Wein.

Linsengemüse

Für dieses Rezept haben wir uns vom schwäbischen Klassiker (mit Würstchen und Spätzle), den wir natürlich über alles lieben, inspirieren lassen. Ein herzhaftes Essen, das prima geeignet ist, wenn man eine größere Runde bewirtet.

1 Die Linsen über Nacht einweichen. Anderntags Zwiebel, Lauch und Möhre fein würfeln und im Suppentopf im heißen Öl andünsten, den gehackten Knoblauch zufügen, den linsenklein gewürfelten Sellerie und die eingeweichten Tellerlinsen. Mit Brühe nur knapp bedecken, salzen und pfeffern und zugedeckt sanft garen, bis die Linsen weich sind. Je nach Alter und Größe der Linsen ca. 30 bis 60 Minuten.

2 In der Zwischenzeit die Tomatensauce zubereiten: Dafür in einer Kasserolle die fein gewürfelte Zwiebel im Öl weich dünsten, aber nicht bräunen. Den gehackten Knoblauch hinzufügen und schließlich die Tomaten samt Saft aus der Dose. Fein geschnittenen Rosmarin einrühren. Die Sauce leise dicklich einkochen, ab und zu umrühren, damit nichts ansetzt.

ZUTATEN
Für vier bis sechs Personen:

500 g kleine Tellerlinsen
2 Zwiebeln
1 Lauchstange
1 kleine Möhre
2 EL Olivenöl
2–3 Knoblauchzehen
2–3 Stangen Bleichsellerie
750 ml Brühe
Salz
Pfeffer
1–2 EL aromatischer Essig
(Himbeeressig, Sherryessig oder
auch Chiliessig)

3 Für die Wurstspatzen Mehl, Eier und Milch mit dem Rührlöffel (oder mit dem Knethaken der Küchenmaschine) zu einem festen, zähen Teig verarbeiten, dabei mit Salz, Pfeffer und Muskat würzen. Die Wurst in linsenkleine Würfel schneiden und zusammen mit Schnittlauchröllchen unterrühren. Diesen Teig zugedeckt 30 Minuten ruhen lassen. Erst dann durch ein Lochblech in siedendes Salzwasser drücken; falls man kein solches besitzt, mit den Fingern Nocken abzupfen. Wenn sie oben schwimmen, sind die Wurstspatzen gar. Mit einer Schaumkelle herausheben, in heißes Wasser geben, das in einer großen Schüssel danebenstehen sollte, um Stärke abzuwaschen und zu verhindern, dass die Spatzen aneinanderkleben.

4 Angerichtet wird das Linsengemüse in tiefen Tellern: zuerst die Linsen, in die Mitte ein dicker Klecks aromatische Tomatensauce und die Wurstspatzen drum herum.

GETRÄNK

Ein kellerkühler junger Rotwein, etwa aus Süditalien, zum Beispiel ein Negroamaro oder Primitivo – wie die dort üblichen Rebsorten heißen. Sehr gut passt auch ein urschwäbischer Trollinger.

Tomatensauce:

1 Zwiebel
2 EL Olivenöl
3 Knoblauchzehen
1 Dose (400 g) geschälte Tomaten (Pelati)
1 Rosmarinzweig
1 Schuss Balsamico

Wurstspatzen:

300 g Mehl
3 Eier
ca. 100 ml Milch
Salz
Pfeffer
Muskatnuss
150 g luftgetrocknete Wurst (Landjäger)
Schnittlauch

Knusprige Entenbrust auf Linsen

Ein Beweis, wie elegant man Linsen servieren kann – So wird ein delikates, feines Essen daraus. Besonders edel dafür sind die kleinen grünen Linsen oder sogar die stecknadelkopfkleinen schwarzen Linsen, die man Belugalinsen nennt. Sie schimmern tatsächlich nach dem Garen so grau wie feiner Kaviar ...

1 Die Linsen einweichen. Mit frischem Wasser aufsetzen, salzen und pfeffern, aufkochen und mit den Lorbeerblättern auf kleinem Feuer etwa 20 Minuten garen.

2 Die Schalotten fein würfeln, in der heißen Butter andünsten. Die Paprikaschote – nach Belieben mit einem Sparschäler die Haut entfernen – entkernen, die wattigen Innenwände entfernen und linsenklein würfeln. Zu den Schalotten geben und kurz mitdünsten. Salzen und pfeffern. Am Ende die Linsen untermischen und einige Minuten mitziehen lassen. Mit Portwein würzen, gehackte Petersilie unterrühren und abschmecken.

3 In der Zwischenzeit die Haut der Entenbrüste mit einem scharfen Messer kreuzweise einschneiden, sodass ein Karomuster entsteht. Mit der Haut nach unten in eine Pfanne legen und auf mittlerem Feuer ungefähr 5 Minuten langsam braten, bis die Haut wunderbar knusprig ist. Dabei die Thymianzweige daneben in die Pfanne legen, die Fleischseite salzen und pfeffern; die Brüste schließlich umdrehen und nun auch auf der Fleischseite sanft braten. Auf einem doppelt gelegten Stück Alufolie im auf 100 °C vorgewärmten Ofen 15 bis 20 Minuten nachziehen lassen, bis das Fleisch innen saftig und durch und durch rosa ist.

4 Das Entenfett abgießen und in einem Schälchen auffangen. Den Bratenfond mit Brühe ablöschen, Portwein angießen, um die Hälfte einkochen lassen und dann mit einem Stück Butter aufmixen. Diese kleine, aromatische Sauce mit Salz und Pfeffer, mit Zitronensaft, eventuell auch mit 1 Spritzer Balsamico abschmecken.

ZUTATEN

Für zwei bis drei Personen:

200 g schwarze oder grüne Linsen
Salz
Pfeffer
1–2 Lorbeerblätter
2 Schalotten
2 EL Butter
1 rote Paprikaschote
1 Schuss Portwein
Petersilie

5 Die Kartoffeln pellen, in zentimeterkleine Würfel schneiden und in 2 Esslöffeln Entenfett in einer beschichteten Pfanne golden braten, dabei immer wieder die Pfanne schwenken, damit die Würfel auf allen Seiten eine schöne Färbung bekommen. Erst am Ende salzen und pfeffern.

ANRICHTEN

Die Entenbrust schräg in dünne Scheiben schneiden. In die Tellermitte jeweils ein Linsenbett häufen, die Entenscheiben dachziegelartig darauf anrichten und mit der Sauce beträufeln. Die knusprigen Kartoffelwürfel drum herumstreuen.

GETRÄNK

Für Weißweinliebhaber gibt es einen Morillon, das ist ein Chardonnay aus der Steiermark; Rotweinfans genehmigen sich einen Spätburgunder aus Rheinhessen.

Außerdem:
2 Entenbrüste (möglichst die kleineren vom weiblichen Tier, sie sind zarter; je ca. 200 g)
2 Thymianzweige
Salz
Pfeffer
125 ml Brühe
4 EL Portwein
Zitronensaft
30 g Butter
Balsamico
4 mittelgroße gekochte Kartoffeln

Esaus Lieblingslinsen

Das genaue Rezept ist ja leider im Alten Testament nicht überliefert. Vermutlich waren es jedoch rote Linsen, wie sie auch heute noch im arabischen Raum und in Asien bis nach Indien beliebt sind, also von ihrer braunen Schale befreite Linsen. Unsere Idee von dem Linsengericht, für das Esau sein Erstgeburtsrecht hergab, sieht so aus:

1 Zuallererst die Zwiebelringe frittieren: Dafür die Zwiebeln schälen, auf dem Gurkenhobel in gleichmäßig dünne Ringe hobeln. In einer Schüssel mit dem Mehl mischen, dann in einem Sieb gut schütteln, damit alle Ringe von einem hauchzarten Mehlfilm überzogen sind.

2 Im heißen Öl – am besten im Wok – schwimmend zuerst blassbraun frittieren. Herausheben und abkühlen lassen, schließlich noch ein zweites Mal, jetzt goldbraun, frittieren. Auf Küchenpapier ausbreiten und abtropfen. So kann man die Zwiebelringe schon lange vorher zubereiten. Sie bleiben wunderbar kross.

ZUTATEN
Für vier Personen:

1 große Zwiebel (ruhig eine rote!)
2 EL Olivenöl
3–4 Knoblauchzehen
1 gehäufter TL gemahlener Bockshornklee oder Raz el Hanout
1–2 frische Chilischoten
(oder 1 große getrocknete)
250 g rote Linsen
ca. 500 ml Brühe
Salz
Pfeffer
Minze oder Koriandergrün

Frittierte Zwiebelringe:
2 Zwiebeln
50 g Mehl zum Bestäuben
Öl zum Frittieren

Außerdem:
250 g Hähnchenbrust
1 TL Speisestärke
2 EL Olivenöl
1 TL Raz el Hanout
Salz
Pfeffer
1 Spritzer Balsamico

3 Für das Linsengemüse die Zwiebel fein würfeln und im Öl andünsten. Den gehackten Knoblauch und den Bockshornklee oder die
orientalische Gewürzmischung Raz el Hanout hinzugeben. Dann fein
gewürfelte, entkernte Chilis (getrocknete Chili entkernen und grob zer-
krümeln) hinzufügen. Die Linsen dazugeben und sofort mit der Brühe
ablöschen. Salzen, pfeffern und aufkochen, die Hitze auf kleinste Stufe
schalten und die Linsen in wenigen Minuten sanft gar ziehen lassen.
Sie sind sehr schnell weich, man muss aufpassen, dass sie nicht zerfallen. Kurz vor dem Servieren einen Teil der zerzupften Minze- oder
Korianderblätter untermischen.

4 In der Zwischenzeit das Hähnchenfleisch quer in sehr feine Streifen
schneiden. Mit Speisestärke einreiben. In einer großen Pfanne (oder
im Wok) im heißen Öl rasch unter Rühren 1 bis 2 Minuten braten.
Das Gewürzpulver darüberstäuben, salzen und pfeffern. Mit einem
Spritzer Balsamico würzen, alles nochmals gründlich umherwirbeln
und mischen. Vom Herd ziehen, erst dann die restlichen Minze- oder
Korianderblätter untermischen.

BEILAGE
Es genügt einfach Weißbrot, gut schmeckt auch körniger Reis.

ANRICHTEN
In die Tellermitte ein Reistürmchen setzen, drum herum die orange-
farbenen Linsen geben, die gebratenen Hähnchenbruststreifen
obenauf mit reichlich zerzupftem Koriandergrün und die knusprigen
Zwiebelringe dazwischen verteilen.

GETRÄNK
Welchen Wein mag Esau dazu getrunken haben? Eventuell einen
Muskateller, denn diese Rebsorte war schon zur Zeit der Pharaonen in
Ägypten verbreitet, möglicherweise auch in Palästina. Vielleicht gab's
aber auch Tee aus frischen Minzeblättern?

Frisch und knackig:
Sauerkraut

Sauerkraut

Wie es entsteht, wo man es lagert und was man damit alles machen kann

Sauerkraut entsteht, indem man geschnittenes Weißkraut einsalzt und einige Zeit stehen lässt. Es entwickelt sich dabei langsam eine Gärung, die den im Kohl enthaltenen Zucker in Milchsäure umwandelt; man spricht deshalb von der so genannten Milchsäuregärung. Durch diesen Gärprozess wird die Faserstruktur aufgeschlossen, der Kohl besser verdaulich und eben auch haltbar. Die Milchsäure sorgt außerdem für Bekömmlichkeit, denn sie kann gleichzeitig verzehrtes Fett und vor allem Eiweiß aufschließen und verträglich machen. Genau deshalb ist es auch diätetisch absolut richtig, wenn man zu fetten Würsten und der gehaltvollen Schlachtplatte einen Berg Sauerkraut verzehrt. Ebenso erklecklich ist der Vitamingehalt von Sauerkraut, vor allem Vitamin C ist im rohen Kraut in Mengen vorhanden. Deshalb ist es sinnvoll, Sauerkraut möglichst oft roh zu verspeisen, als Salat zum Beispiel, und es ist ernährungsphysiologisch immer ratsam, dem gekochten Kraut am Ende eine Hand voll rohes Kraut unterzumischen. Das rohe Sauerkraut liefert dem Körper neben Vitaminen und Mineralstoffen auch eine Menge

Ballaststoffe, die die Verdauung fördern und den Darm ausputzen. Das Erfreulichste aber ist natürlich: Es schmeckt so gut!

Damit tatsächlich noch alle Wirkstoffe enthalten sind, sollte man Sauerkraut am besten lose kaufen, beim Metzger oder auch im Reformhaus. Dort wird das Kraut meist frisch aus dem großen Eimer angeboten, und dann stammt es direkt aus dem Gärbottich und wurde nicht noch zusätzlich durch Pasteurisieren haltbar gemacht. Bei Dosenware hingegen ist das natürlich immer der Fall, und dies zerstört notwendigerweise einen Teil der wertvollen Inhaltsstoffe.

Sauerkraut – ein vielseitiges Gemüse

Klassisch ist die Verbindung mit Zwiebeln und Äpfeln – ein idealer Dreiklang, den man abändern kann, indem man immer wieder ein anderes Fett verwendet: Es ist Geschmackssache, ob man das traditionelle Schweineschmalz oder das elsässisch-österreichische Gänse- oder Hühnerfett verwendet, ob Butter für den feineren Geschmack oder Olivenöl mit seinem mediterranen Anklang. Sogar das chinesische geröstete Sesamöl passt zum Sauerkraut, vor allem, wenn man anschließend mit Ingwer, Knoblauch und Chili für weitere fernöstliche Aromen sorgt.

Ob man das Sauerkraut wässert, um die Säure etwas zu neutralisieren, hängt von der Art der Herstellung und vom eigenen Geschmack ab. Heutzutage ist vor allem bei uns in Deutschland das Kraut eher zu mild als zu sauer – und hat daher einen leicht faden, manchmal fast fauliger Noten streifenden Stich. Wenn man es dann auch noch wässert, schwemmt man allen Geschmack heraus, und das Kraut wird langweilig. Elsässer Kraut hingegen ist meist erheblich salziger und saurer – und schmeckt damit viel klarer, kerniger, reiner und frischer! Wenn also in einem Rezept aus unserem Nachbarland verlangt wird, man solle das Kraut wässern oder unter kaltem Wasser waschen, so ist unbedingt vorher bei der eigenen Ware zu überprüfen, ob dies tatsächlich nötig ist. Bei nahezu jedem Grundrezept wird das Kraut dann im gewünschten Fett angedünstet, bis es rundum erwärmt und vom geschmacksgebenden Fett durchdrungen ist. Dabei kann man Zwiebeln (bzw. Äpfel, Knoblauch, eventuell Kümmel etc.) zufügen, bevor mit Flüssigkeit – Wein, eine mehr oder weniger kräftige Brühe oder auch nur Wasser – aufgefüllt wird. Auch Saft kann verwendet werden, zum Beispiel Apfelsaft, aber Orangensaft oder Molke (verstärkt das Milchsäurearoma) passen ebenso.

Die drei wichtigsten Regeln rund ums Sauerkraut:

1. Das Kraut stets fast bedecken, dann bleibt es schön hell – vor allem, wenn man eine säurehaltige Flüssigkeit nimmt (also Wasser mit Wein oder Zitronensaft). Kraut, das aus der Flüssigkeit herausschaut, oxidiert schnell und färbt sich dunkel; das sieht dann nicht mehr so appetitlich aus und beeinträchtigt den frischen Geschmack.

2. **Die Gewürze:** Mit immer wieder anderen Gewürzen kann man dem Kraut jedes Mal einen neuen Duft geben. Zum Beispiel:
   Kümmel – möglichst zusammen mit den Zwiebeln kurz andünsten. Wer nicht so gern auf die Samen beißt, hackt sie mit einem großen Messer klein.
   Chili – eine getrocknete Schote oder eine frische Schote zerdrückt mitkochen, frische Schoten auch feingehackt unterrühren. Wer zuviel Schärfe scheut, entfernt vorher die Kerne.
   Piment und Wacholder – die Beeren ganz oder zerdrückt mitkochen. Wenn man sie nicht mitessen will: Im Tee-Ei lassen sie sich anschließend wieder leicht herausfischen.
   Senfsaat – am besten kurz mit den Zwiebeln mitrösten, so geben die kleinen Körnchen ihren Geschmack besser ab.
   Majoran – getrocknet ins Kraut gerührt, ergibt es den besten Effekt. Frisch darf man ihn erst zum Schluss zufügen.

3. Fleisch kann man grundsätzlich mitkochen, kräftig gewürzte Würste jedoch lieber separat erhitzen, weil sie sonst dem Kraut ein zu starkes Aroma verleihen. Im Elsass zieht man es vor, Fleisch bzw. Fisch

TIPP

*Ein Händchen voll rohes Kraut
zu Beginn beiseite legen, damit
man es am Ende roh unter das
fertige Kraut mischen kann.*

und Kraut getrennt zu garen – mit Recht, wie wir finden. Denn so
kann das Fleisch seinen reinen Geschmack bewahren, ohne säuerlich zu werden, und das Kraut behält sein unverfälschtes Aroma,
während es zugleich vielseitiger verwendbar ist. Zudem treffen
Fleisch und Kraut sich erst auf dem Teller und können sich dort ge-
schmacklich befruchten.

Das Grundrezept:

Zwiebel und Knoblauch fein würfeln, im Fett andünsten, Kümmel mitschmurgeln, bevor das zerpflückte Kraut hinzukommt. Das Kraut im
Fett drehen und wenden, erst dann mit Flüssigkeit bedecken.
Die Gewürze im Mullsäckchen oder Tee-Ei einlegen. Etwa 20 bis 30 Minuten leise köcheln, bis das Kraut angenehm weich ist.

ZUTATEN
Für vier bis sechs Personen:

1 Zwiebel
evtl. 1–2 Knoblauchzehen
2 EL Schmalz, Öl oder ein anderes
aromatisches Fett
(Speck, Fett vom gekochten
  Schinken, Gänseschmalz etc.)
1 gestrichener TL Kümmel
(nach Belieben)
800–1000 g Sauerkraut
ca. ½ l Wein, Brühe oder Saft
2 Lorbeerblätter
5 Wacholderbeeren
½ TL Pfefferkörner
evtl. 1 kleine Chilischote

Für vier bis sechs Personen:

1 Zwiebel
2–3 EL Olivenöl
2–3 Knoblauchzehen
1 EL Kümmel
800 g Schweinefleisch
(Nacken oder aus der
Unterschale – ein gut durchwachse-
nes Stück nehmen)
Salz, Pfeffer
2 EL Delikatesspaprika (mild)
½ TL Rosenpaprika (scharf)
1 kg frisches Sauerkraut
ca. ½ l Weißwein
1 TL Pimentkörner
½ TL Wacholderbeeren
1 TL Senfsaat
2 Lorbeerblätter
1 Stück Zitronenschale
1 Bund Schnittlauch

Außerdem:

200 g saure Sahne
(10 % Fettgehalt)
1 gehäufter EL Delikatesspaprika
⅛ l Olivenöl

Paprikafleisch mit Sauerkraut

Angelehnt an das klassische Szegediner Gulasch, das ja – mit reichlich Schweineschmalz und mit fettem Schweinebauch gekocht – ziemlich deftig ist. Wir lieben dieses Gericht, seine Säure, den Paprikaduft und den Geschmack von saftigem Schweinefleisch. Aber wir haben es ein wenig entfettet und bekömmlicher und leichter gemacht.

1 Zwiebel fein würfeln, im heißen Öl andünsten, den Knoblauch zerdrücken und zufügen, den gehackten Kümmel mitrösten. Schließlich das Fleisch in Würfel von etwa zwei Zentimeter Kantenlänge schneiden und in den Topf geben. Salzen und pfeffern, dann mit Paprika bestäuben. Den Topf dafür vom Feuer ziehen, wenn er zu heiß zu werden droht. Der Paprika soll nicht stark rösten, er wird sonst bitter. Die Fleischwürfel darin gründlich wenden. Erst wenn sie überall rot vom Paprikapulver leuchten, das Sauerkraut dazwischenbetten und die Gewürze zufügen – in einem Tee-Ei verströmen sie ihr Aroma, aber lassen sich anschließend leicht herausfischen und entfernen. Es ist schließlich nicht jedermanns Sache, ständig auf Gewürzkörner zu beißen.

2 Mit Wein ablöschen und zugedeckt leise etwa eine Stundeköcheln, bis sich die Aromen vermischt und gegenseitig durchdrungen haben – dann sind auch Fleisch und Kraut weich. Zwischendurch immer wieder überprüfen und eventuell mit einem Schuss Wasser auffüllen, damit das Kraut stets bedeckt ist.

3 Zum Servieren viel Schnittlauch und etwas saure Sahne (10 %ig) unterrühren. In einer Terrine zu Tisch bringen. Zusätzlich saure Sahne extra auf den Tisch stellen, von der man sich nach Belieben nimmt. Außerdem Paprikaöl in einem Schälchen bereitstellen: dafür das Paprikapulver in einer kleinen Pfanne im Öl kurz erhitzen und ziehen lassen. Bevor man davon nimmt, immer gut aufrühren, denn das Pulver löst sich nicht auf, sondern setzt sich am Boden ab.

BEILAGE
Dazu schmecken gekochte Kartoffeln, die man sich im tiefen Teller zer-drückt, bevor ein Schöpfer voll Paprikafleisch mit Sauerkraut aufgefüllt wird.

GETRÄNK
Natürlich passt ein Pils. Gut auch ein säurebetonter Riesling, der jedoch kraftvoll genug sein muss, um dem Sauerkraut Paroli bieten zu können. Einer aus Franken oder Rheinhessen bietet sich an. Wir haben einen knackigen Moselwein dazu getrunken.

Fleischknödel mit Kraut

ZUTATEN

Für vier bis sechs Personen:

2 Zwiebeln
3–4 Knoblauchzehen
4 EL Öl
Gänse- oder Hühnerfett
1 säuerlicher Apfel
1 kg Sauerkraut
½ TL Kümmel
nach Gusto auch jeweils
3–4 Wacholder-, Piment-
und Pfefferbeeren
2 Lorbeerblätter
1 kleines Thymiansträußchen
ca. ½ l Weißwein bzw. Wasser
oder Brühe
500 g Hackfleisch
500 g gekochte Kartoffeln,
am besten vom Vortag
1 Ei
Salz, Pfeffer
Majoran oder Petersilie
1 EL Senf

Kartoffelpüree:

1 kg Kartoffeln
Salz
ca. ¼ l Milch
2 EL Butter
Salz, Pfeffer
Muskatnuss

Hier liegen die Knödel nicht nur im Kraut, es steckt auch in ihnen drin. Ein schönes, winterliches Essen, das einfach köstlich schmeckt – also das Zeug zum Leibgericht hat.

1 Zwiebeln und Knoblauch fein würfeln und im Öl weich dünsten, nur hauchzart bräunen. Die Hälfte davon herausheben und auf einem Teller für den Hackfleischteig beiseite stellen.

2 Den Apfel schälen, vierteln, vom Kerngehäuse befreien, in Scheibchen hobeln und kurz mit den Zwiebeln dünsten, ebenso den Kümmel. Das Kraut zerzupfen und zufügen, die Gewürze in einem Mullsäckchen oder in einem Tee-Ei hineinlegen, den Thymianstrauß und die Lorbeerblätter in das Kraut betten. Mit Wein angießen und das Kraut zugedeckt leise eine halbe Stunden köcheln.

3 Aus Hackfleisch, den geriebenen Kartoffeln, dem Ei, den beiseite gestellten gedünsteten Zwiebeln sowie den Gewürzen einen herzhaften Hackfleischteig herstellen.

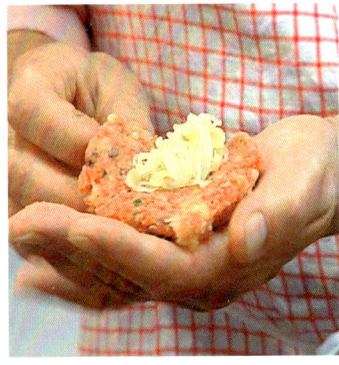 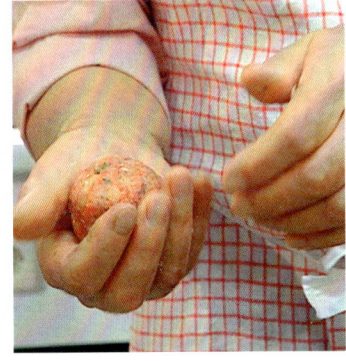 

4 Eine kleine Portion davon auf der Handfläche (vorher anfeuchten!) flach drücken, jeweils einen Löffel Sauerkraut darauf legen, das Fleisch darüber zusammendrücken und kugelrunde Knödel, etwa von der Größe eines Tennisballs, daraus formen. Zuvor die Hände am besten mit Wein anfeuchten, denn dann bekommen die Knödel eine schöne glatte Oberfläche und die Hände bleiben sauber.

5 Diese Knödel in Salzwasser etwa 15 Minuten leise ziehen lassen, bis sie oben schwimmen. Auf einem Bett von Sauerkraut servieren.

BEILAGE
Dazu gibt's Kartoffelpuree, das im Handumdrehen gemacht ist: Geschälte Kartoffeln in Salzwasser gar kochen, abgießen, durch die Presse in den Topf pressen, Milch angießen und mit einem Schneebesen aufschlagen, würzen und abschmecken. Geht ruckzuck und schmeckt traumhaft gut!

GETRÄNK
Wir bleiben beim Riesling – diesmal gibt es aber eine trockene Auslese von der Mosel.

Salz ist nicht gleich: Salz

Um die Milchsäuregärung des Sauerkrauts überhaupt in Gang zu setzen, braucht man Salz – allerdings in einer so geringen Menge, dass es auch für all jene, die mit Natrium sparsam umgehen müssen, unproblematisch sein sollte.

Salz ist nämlich durchaus nicht das Teufelszeug, als das man es immer wieder hinstellt. Salz ist vielmehr lebensnotwendig. Aber natürlich sollte man damit bewusst und sorgsam umgehen. Zu viel hilft eben nicht viel, sondern ist im Gegenteil schädlich. Zu wenig ist im Übrigen genauso schlimm, sei es im Leben oder in der Küche. Oft sind es nämlich einfach ein paar Körnchen Salz, die fehlen, wenn eine Speise fad und geschmacklos ist.

Was wir üblicherweise Haushaltssalz nennen und alltäglich verwenden, ist **Steinsalz.** Es stammt aus unterirdischen Salzstöcken, wo es vor Abertausenden von Jahren abgelagert wurde. Es wird gereinigt, zerkleinert und rieselfähig gemacht und bei uns oft obendrein mit Jod versetzt. Jod kommt in unserer Nahrung nämlich nicht in ausreichendem Maße vor, weshalb die Schilddrüse Mangel leidet.

Statt des absolut neutralen Steinsalzes kann man ebenso gut **Meersalz** verwenden, das von Natur aus einen höheren Jodgehalt hat und außerdem noch eine Vielzahl anderer Mineralien und Geschmacksstoffe enthält, die es interessant machen. Eine noch größere Menge solcher Stoffe findet sich übrigens im ungereinigten Meersalz, das meist in groben Kristallen angeboten wird. Deshalb sieht es oft grau aus und wirkt etwas feucht. Für die immer beliebter gewordenen Salzmühlen ist jedoch das gereinigte grobe Meersalz besser geeignet.

Das feinste Salz ist das **„Fleur de Sel",** die so genannte Salzblüte. Das sind jene schaumartigen Krümel, die sich in den Salzgärten an der Oberfläche sammeln, als Zeichen, dass die Salzlösung gesättigt ist und bald geerntet werden kann. Dieses Salz ist kostbar und teuer und wird oft sogar unter dem persönlichen Namen des Salzgärtners angeboten. Es ist nicht nur einfach salzig, sondern schmeckt tatsächlich nach mehr und birgt den ganzen komplexen Duft des Meeres in sich. Tatsächlich bieten die verschiedenen „Fleurs de Sel" auch unter-

schiedliche Parfums, je nachdem, wo sie geerntet wurden – ob in der Camargue, bei Trapani auf Sizilien oder an der Küste vor Portugal … Gleiches gilt für das **Maldon-Salz** aus England, das allerdings nicht auf natürlichem Weg entsteht, sondern beim Salzsieden vom Meerwasser abgeschöpft wird. Dieses flockige Salz hat seinen Reiz nicht nur im würzigen Geschmack, sondern auch in der Tatsache, dass es sich nur allmählich auflöst und erst nach und nach sein Aroma und seine Würzkraft freigibt.

Der letzte Schrei unter den Salzen ist das **Himalaya-Salz,** das aus tiefsten Tiefen unter diesem Gebirgsstock gewonnen wird, was die Sache ziemlich teuer macht. Auch dieses Salz spendet neben der typischen Würzkraft zusätzliche Aromen. Es wirkt milder als die anderen Salze, man könnte fast sagen „süß".

All diese Spezialsalze nimmt man natürlich nicht zum Salzen von Spaghettikochwasser oder Ähnlichem, sondern verwendet sie zum zusätzlichen Würzen – auf dem gebratenen Steak beispielsweise, auf Tomaten, im Salat von frisch gekochten Kartoffeln oder auf einem zarten Stück Fischfilet. Überall dort also, wo man das besondere Salz schmecken möchte und wo es seinen besonderen Charakter auch tatsächlich beweisen kann.

Reispapierpäckchen mit Sauerkraut und Blut- & Leberwurst

ZUTATEN

Für vier bis sechs Personen:

8–12 Blätter Reispapier
(ca. 20 cm Durchmesser)
½ Portion gedünstetes
Sauerkraut (siehe Grundrezept
Seite 69)
je 150 g Blut- und Leberwurst
Majoran
2–3 EL Olivenöl oder Butterschmalz zum Braten

Sauerkrautsalat:
300 g frisches Sauerkraut
1 Zwiebel oder Schalotte
1 kleine Knoblauchzehe
je 2 EL Orangen- und Zitronensaft
2 EL Apfelessig
1 TL Balsamico
Salz, Pfeffer
1–2 EL Haselnussöl
Koriandergrün oder einfach
Schnittlauch

Die alpenländischen Krautkrapfen haben uns zu diesem Rezept inspiriert , allerdings fanden wir die Verpackungsmöglichkeiten, die wir aus der asiatischen Küche kennen, noch pfiffiger (und weniger Arbeit machen sie obendrein!). Statt Nudel- oder Krapfenteig, der übrigens einem Strudelteig ähnelt, verarbeiten wir hier asiatisches Reispapier, wie man es auch für Frühlingsrollen nimmt. Das ist leichter zu handhaben (man kauft es fix und fertig, und es muss nur eingeweicht werden) und wird nach dem Backen oder Braten herrlich knusprig.

1 Die Reispapierblätter in Wasser tauchen, dann nebeneinander auf der Arbeitsfläche auslegen, immer zwei aufeinander, und zwar jeweils mit der gemusterten Seite nach innen – so dass die glatte Seite des unteren Blattes nach unten und die des oberen Blattes nach oben zu liegen kommt. Einige Minuten warten, bis die Blätter ihr Aussehen verändert haben, nicht mehr transparent, sondern weißlich und ganz weich geworden sind. Jetzt müssen sie immer mit einem feuchten Tuch abgedeckt werden, damit sie nicht wieder austrocknen und zäh und ledrig werden.

2 Das Kraut nach dem Grundrezept zubereiten (es kann auch ein Rest sein), als schmales Bett quer auf jeweils einer Hälfte des Kreisrundes der Reispapierblätter auslegen. Je ein Stück Blut- und Leberwurst darauf setzen und mit Majoran bestreuen. An den Seiten einschlagen, aufrollen und ein festes, längliches Päckchen formen.

Im heißen Öl oder Schmalz in einer Pfanne braten oder mit Öl eingepinselt auf einem Blech im heißen Ofen (bei 220 °C, ca. 15 Minuten) backen, bis die Päckchen rundum zart gebräunt sind.

BEILAGE

Sauerkrautsalat. Dafür das frische, zerzupfte Kraut mit einer Marinade aus Orangen- und Zitronensaft, Apfelessig, Balsamico und Haselnussöl anmachen, zum Schluss Koriandergrün oder Schnittlauch untermischen. In einem Menü eine hübsche Vorspeise, aber natürlich auch eine ganze Mahlzeit.

GETRÄNK

Ein knackiger, herzhafter, natürlich trocken ausgebauter Weißburgunder aus der Pfalz, etwa vom Weingut Rebholz.

Sauerkrautcremesuppe mit Heilbutt

ZUTATEN

Für vier bis sechs Personen:

1 Zwiebel
1 Knoblauchzehe
2 EL Butter
1 kleiner, milder Apfel
(z. B. Golden Delicious
oder Jonagold)
400 g Sauerkraut
ca. ¼ l Weißwein
Salz, Pfeffer
Cayennepfeffer
½ TL Zucker
2 Lorbeerblätter
200 g Crème fraîche
evtl. etwas Brühe
350 g Fischfilet (am liebsten vom
Heilbutt)
1 Kräuterstrauß (das kann eine
beliebige, gerade auf dem Markt
erhältliche Mischung sein –
z. B. Petersilie, Estragon, Kerbel,
Liebstöckel, Schnittlauch)

Ein verblüffendes Gericht, eine cremig-sanfte Suppe, in der man den Duft vom Kraut spürt, aber nichts vom typischen Biss, denn sie ist absolut glatt gemixt. Darin schwimmen Würfel von mit Kräutern paniertem Heilbutt, der so zart ist, dass er auf der Zunge zergeht. Eine elegante, sehr feine Suppe – ein Auftakt zu einem großen Menü.

1 Zwiebel und Knoblauch fein würfeln, in der heißen Butter sanft andünsten. Den Apfel schälen und vierteln, das Kerngehäuse ausschneiden, Viertel quer in feine Scheibchen schneiden und mitdünsten. Schließlich das Sauerkraut zerpflücken, eventuell sogar mit einem großen Messer hacken und zufügen. Mit Weißwein auffüllen. Salzen, pfeffern, mit Cayennepfeffer und Zucker würzen. Lorbeerblätter dazwischenbetten und zugedeckt 20 Minuten leise dünsten.

2 Die Lorbeerblätter entfernen, Crème fraîche unterrühren, dann mit dem Mixstab alles zu einem möglichst glatten Püree zerkleinern. Wenn nötig mit einem guten Schuss Brühe in die gewünschte Konsistenz bringen.

TIPP

Richtig cremig wird die Suppe, wenn man eine gewürfelte Kartoffel von Anfang an mitkocht. Sie gibt eine schöne Bindung.

3 Inzwischen das Fischfilet in große Würfel schneiden, diese mit Salz und Pfeffer würzen und in reichlich fein gehackten Kräutern wenden, bis sie davon leuchtend grün überzogen sind. Unmittelbar vor dem Servieren in die kochend heiße Suppe legen, wo sie alsbald, in höchstens einer Minute, gar ziehen. In tiefen Tellern zu Tisch bringen.

BEILAGE
Dazu braucht's nichts weiter als frisches Weißbrot.

GETRÄNK
Ein kräftiger Grauburgunder oder ein eleganter Chardonnay vom Kaiserstuhl.

Selbst gesucht oder frisch vom Markt:
Waldpilze

Sammlerglück
& Genießerfreuden

Pilze sind einfach wunderbar – selbst der leidenschaftlichste Fleischesser wird damit gern zum Vegetarier, denn selbst er lässt Pilze als das „Fleisch des Waldes" gelten. Natürlich ist es nicht jedermann gegeben, im Wald selber fündig zu werden – fürs Pilzesammeln muss die Leidenschaft schon früh geweckt werden. Die Kenntnis der Pilze entwickelt sich am besten, wenn man schon von Kindesbeinen an mit dem Großvater, dem Onkel oder der Lieblingstante zum Pilzesuchen ging und so schon früh gelernt hat, sie zu unterscheiden. Diesen Menschen lässt die Lust aufs Pilzesammeln nie mehr los, selbst wenn ihn das Leben weit weg von pilzreichen Wäldern in die Großstadt verschlägt.

Aber auch wer nicht dieses Glück hatte, braucht heutzutage nicht unglücklich zu sein: Er kann von der Öffnung Europas nach Osten profitieren, wo es offenbar unerschöpfliche Pilzwälder gibt. Denn seither quellen unsere Märkte vom Spätsommer an über vor erschwinglichen Pilzen in bester Qualität. Pfifferlinge aus Litauen oder Serbien, Steinpilze aus Ungarn und Slowenien, Herbsttrompeten aus Rumänien usw.

In jedem Fall gilt für Pilze: Frisch sollten sie sein und bis zur Zubereitung sorgsam gekühlt. Und selbstverständlich muss man sie dann rasch verzehren.

Zuerst werden die Pilze geputzt. Nicht mehr schöne, aufgequollene Schwämme (etwa die Röhren an der Unterseite des Huts von Maronen und Steinpilzen) entfernen, angefressene Stellen herausschneiden, madige sowieso. In jedem Fall Pilze nur wenn unbedingt nötig waschen, und wenn, dann sehr rasch, am besten unter der fließenden Brause. Sonst saugen sich die Pilze nämlich voll Wasser – nicht von ungefähr nennt man sie auch Schwammerl! – und dieses müssen sie in der Pfanne erst wieder durch langes Köcheln abgeben. Das ist ihrem Wohlgeschmack nicht förderlich.

Gedünstete Pilze (Grundrezept)

Auf diese Weise werden die meisten Pilze zubereitet, auch Champignons oder andere Zuchtpilze.

ZUTATEN

Für vier Personen:

1 Zwiebel
1–2 Knoblauchzehen
2 EL Butter oder Öl
ca. 500 g geputzte Pilze
Salz, Pfeffer
evtl. ½ Tasse süße Sahne
½ Tasse Brühe und/oder
1 reife Tomate
1 kleines Bund glatte oder krause
Petersilie
180 g Mehl
3 Eier
Salz
gut ¼ l Milch
ein Schuss Wasser
Butterschmalz zum Backen

1 Zwiebel und Knoblauch fein würfeln und in Butter oder Öl andünsten. Sorgsam geputzte, fein geschnittene Mischpilze dazu, gleich salzen und pfeffern. Leise köcheln, bis alles zusammen geschmurgelt ist.

2 Hat man zum Andünsten Butter genommen, mit einem Schuss Sahne auffüllen. Wer den reinen Pilzgeschmack bevorzugt, hat vielleicht mit Olivenöl gedünstet und füllt dann lieber mit etwas Brühe auf, um dem Pilzgericht genügend Feuchtigkeit zu geben. Auch eine gehäutete, gewürfelte Tomate passt vorzüglich. Fein gehackte Petersilie dazugeben (man kann auch die Hälfte mitdünsten und gibt erst zum Schluss den Rest hinzu) – fertig.

So schmecken Pilze zu Kartoffeln und zur Pasta, in Bayern liebt man sie zu Semmelknödeln. Wir servieren sie gern zu Pfannkuchen. Darin werden sie eingerollt, dazu gibt's einen grünen Salat!

ZUTATEN

180 g Mehl
3 Eier
Salz
gut ¼ l Milch
1 Schuss Wasser
Butterschmalz zum Backen

Pfannkuchen

1 Mehl und Eier mit dem Schneebesen glatt rühren, dabei salzen. Erst wenn sich alles innig verbunden hat und keine Klümpchen mehr zu sehen sind, langsam die Milch unterrühren. Wenn nötig, noch einen Schuss Wasser angießen – der Teig sollte die Konsistenz von flüssiger Sahne haben, also sehr dünn sein! Sonst werden die Pfannkuchen nämlich zu dick. In einer Pfanne wenig Butterschmalz zerschmelzen, eine kleine Kelle Teig hineingießen, dabei die Pfanne hochnehmen und rasch drehen, bis der gesamte Boden gleichmäßig davon überzogen ist. Sobald die untere Seite goldene Tupfen zeigt, den Pfannkuchen wenden und auch auf der anderen Seite Farbe nehmen lassen.

VARIANTE

Natürlich liebt Moritz auch zu Pilzen was? Genau, einen Kartoffelsalat! Dafür frische, fest kochende Kartoffeln pellen und in Scheibchen schneiden, fein gewürfelte Schalotte und gehackte Petersilie dazugeben. Anmachen mit einer Vinaigrette aus Apfelessig, Salz, Pfeffer und einem aromatischen Olivenöl.

GETRÄNK

Ein Inzolia aus Sizilien, das ist ein einfacher, nicht zu kräftiger Weißwein. Oder ein junger roter Landwein, zum Beispiel aus der Pfalz.

TIPP

Gleichzeitig in zwei Pfannen arbeiten, das beschleunigt das Ganze – allerdings muss man dann sehr flink sein, damit die Pfannkuchen nicht zu dunkel werden. Übrig gebliebene Pfannkuchen sind eine willkommene Suppeneinlage, so genannte Flädle oder, auf gut Österreichisch, Frittaten. Dafür die Pfannkuchen aufrollen und in sehr feine Streifen schneiden. In Suppenteller verteilen, mit kochend heißer Brühe auffüllen und mit Schnittlauchröllchen bestreuen.

Eier und Pilze –
Ein ideales Paar

Pilze gelten, wie gesagt, als das so genannte »Fleisch des Waldes«, denn sie liefern reichlich Eiweiß. Und deshalb sollte man sie auch wie ein rohes Ei behandeln: also stets kühl halten, damit das empfindliche Eiweiß nicht verdirbt, und bald verbrauchen. Außerdem verbindet man Pilze gern mit Ei, weil sich so das pflanzliche mit dem tierischen Eiweiß perfekt ergänzt. Ein idealer Fall also von ausgewogener Ernährung, denn die Verbindung von beiden ergibt eine bessere biologische Wertigkeit der ganzen Mahlzeit.

Hühnereier, früher kostbar, sind heute eine für jeden erschwingliche Zutat, die man geradezu als Allzweckwaffe in der Küche ansehen kann. Zusammen mit Pilzen liefern sie echte Powerkost: eine Fülle von Nährstoffen, arm an Kalorien und bekömmlich. Es schmeckt also nicht nur gut, Pilze zusammen mit Eierpfannkuchen zu servieren, in pochierte Eier einzuarbeiten oder sie einfach unters Rührei zu mischen, sondern es ist auch ein ernährungsphysiologischer Idealfall.

Was die Eier angeht, so hat sich mittlerweile in Sachen Kennzeichnung ein wenig getan. Ein Stempel auf jedem Ei klärt über Herkunft, Haltung und Alter auf. Es wird allerdings von Instituten, die von den Verbänden mit Untersuchungen beauftragt werden, immer wieder bezweifelt, dass die Haltung Auswirkungen auf Geschmack und Inhaltsstoffe haben kann. Und da Geschmack sich nicht wissenschaftlich überprüfen lässt, muss man sich hierbei auf seine Zunge verlassen. Wir jedenfalls können durchaus einen Unterschied feststellen zwischen Eiern von Hühnern, die in der Wiese haben herumpicken dürfen, und solchen, die im Käfig sitzen. Allerdings muss man sich im Klaren sein, dass solche Eier ihren Preis haben, also etwas mehr kosten. Die Eier werden außerdem nach den Größen S, M, L bis XXL sortiert – diese kennt man schließlich vom T-Shirt-Kauf.
Kleine Eier bringen in Relation zum Gewicht mehr Eigelb – das ist gut fürs Rührei. Aber zum Backen nimmt man besser große, weil für viele Rezepte das Verhältnis zwischen Eigelb und Eiweiß wichtig ist. Man rechnet übrigens pro Eiweiß zwischen 40 bis 45 Gramm, das ganze Ei wiegt ca. 60 bis 65 Gramm.

Salmonellen: Immer wieder kommen Eier deswegen in die Schlagzeilen. Normalerweise sorgt ein im Ei enthaltenes Enzymsystem dafür, dass diese Bakterien sich nicht vermehren. Das allerdings wird nach etwa zehn Tagen allmählich unwirksam. Im Kühlschrank wird dieser Schwund verzögert – deshalb gehören Eier unbedingt stets gekühlt. Zum Backen und Kochen sind die Eier übrigens selbstverständlich auch nach zehn bis vierzehn Tagen noch zu gebrauchen, nur als weiches Frühstücksei mit seinem noch flüssigen Dotter oder sanft pochiert sollte man es nicht mehr servieren.

Umso unverständlicher, warum die Eierproduzenten-Lobby es noch immer erfolgreich verhindern konnte, dass der Legetag auf das Ei gedruckt wird. Bisher ist nur ein so genanntes Mindesthaltbarkeitsdatum auf der Packung nötig, das genau 28 Tage später liegt. Man muss also stets kopfrechnen und die Schachtel aufbewahren, um sicher zu sein, ob das Ei noch fürs Frühstück taugt oder zum Pfannkuchen werden soll. Nicht unbedingt sehr verbraucherfreundlich!

An den Ziffern auf dem Ei kann man inzwischen jedoch immerhin ablesen, wie das Huhn gehalten wurde, das dieses Ei gelegt hat: Da steht **0** für Ökohaltung, **1** = Freiland, **2** = Bodenhaltung, **3** = Käfighaltung. **DE** bedeutet, dass die Hühner in Deutschland gelegt haben, die weiteren Ziffern beschreiben den Betrieb und die Stallnummer. Niedlich und wohlschmeckend sind Wachteleier. Damit lässt sich auch hübsch dekorieren, zum Beispiel in unserem nächsten Rezept.

ZUTATEN

Für vier Personen:

1 Zwiebel
1–2 Knoblauchzehen
2 EL Butter
ca. 300 g Pfifferlinge
¼ l Brühe
ca. 200 ml Sahne
Salz, Pfeffer
frisches Bohnenkraut
8–10 Wachteleier

Pfifferlingsuppe mit verlorenem Ei

Was ist der Unterschied zwischen einem verlorenen und einem po-chierten Ei (was ja im Prinzip küchentechnisch dasselbe ist)? Das Erstere lässt man einfach in die fertige Suppe gleiten, wo es sanft gar zieht beziehungsweise nur außen fest wird und der Dotter noch weich bleibt. Das pochierte Ei hingegen wird nach allen Regeln der Koch-kunst in Essigwasser separat gegart und erst unmittelbar vor dem Ser-vieren in den Suppenteller gelegt.

1 Zwiebel und Knoblauch schälen, fein würfeln und in der Butter an-dünsten. Die geputzten Pilze zufügen und mitschmurgeln. Mit Brühe und Sahne auffüllen. Salzen, pfeffern und etwa 5 bis 8 Minuten leise kö-cheln. Zum Schluss das fein geschnittene Bohnenkraut einrühren, noch mal abschmecken.

2 Erst unmittelbar vor dem Servieren die Wachteleier darin verlieren. Einzeln aufschlagen. Das geht am besten mit einem Sägemesser oder mit einer stabilen Nadel. Denn die Schale von Wachteleiern ist zwar hübsch, lässt sich aber sehr schwer exakt durchtrennen, zumal darunter das Häutchen so zäh ist, dass man es oft gar nicht öffnen kann. Die Na-del hilft dann, es zu durchstoßen. Die Eier sind übrigens bereits nach 1 bis 2 Minuten gar – die Suppe dann also unverzüglich auftragen, damit das Eigelb noch flüssig beziehungsweise wenigstens noch cremig ist.

GETRÄNK
Dazu passt ein würziger Weißwein, zum Beispiel ein Sauvignon aus Fri-aul in Norditalien.

Steinpilze

Steinpilze sind die häufigsten Wildpilze (neben Pfifferlingen), die man auf dem Markt kaufen kann. Achten Sie darauf, dass sie sich fest anfühlen – je länger sie liegen, desto weicher und wattiger werden sie. Außerdem entwickeln sich dann auch geradezu sprunghaft die Würmchen, die innerhalb von ein paar Tagen den Pilz von innen her regelrecht auffressen können. Deshalb ist es ratsam, sich vom Händler fragliche Exemplare aufschneiden zu lassen. Die Pilze dürfen übrigens im Prinzip nur aufgeschnitten verkauft werden, was zwar eine Beruhigung für den Verbraucher bedeuten kann, aber doch auch eine brutale Art der Demonstration ihrer Unschuld ist. Deshalb verzichten Händler vor allem auf den Märkten darauf, alle Pilze zu halbieren, und schneiden sie nur auf Verlangen durch – meist ziemlich widerwillig und unfreundlich, aber sie müssen! Schließlich sind Steinpilze teuer.
Im Wald sind sie rar, aber sie sind einigermaßen gut zu erkennen. Man kann sie mit den Bitterlingen verwechseln, die oft einen ebenso schönen Hut haben. Der sitzt auf einem dicken Fuß, welcher allerdings im Unterschied zu dem der Steinpilze grau und nicht schneeweiß bis braunbeige ist. Die Röhren unterhalb des Huts sind außerdem rosa, nicht weiß, beziehungsweise bräunlich.

Steinpilz-Salat

Dafür braucht man ganz junge, noch kleine, sehr feste Pilze. Sie werden nur am Fuß von Waldbodenresten gesäubert, dann auf einem Trüffelhobel (oder auf der Aufschnittmaschine – der Gurkenhobel ergibt im Allgemeinen zu dicke Scheiben) ganz fein geschnitten.

1 Die Pilze in dünne Scheibchen hobeln – eventuell direkt auf den Teller. Mit etwas Zitronensaft beträufeln, salzen (hier ist das edle Fleur de sel – siehe Seite 74 – am Platz!), pfeffern und mit Olivenöl beträufeln. Die Schalotte oder Zwiebel sehr fein gewürfelt darüber streuen. Die Basilikumblätter (man kann auch Petersilie nehmen!) ebenso in feinste Streifen schneiden und darüber verteilen.

BEILAGE
Dazu passt am besten geröstetes Toskanabrot (also ein herzhaftes Weißbrot aus Hartweizenmehl).

GETRÄNK
Ein kraftvoller weißer Burgunder.

ZUTATEN
Für zwei Personen:

2–4 schöne feste, junge
Steinpilze
ca. 2 EL Zitronensaft
Salz, Pfeffer
2–3 EL Olivenöl
1 Schalotte oder junge Zwiebel
Basilikum

Steinpilze en cocotte

Cocotte *nennt man in Frankreich Töpfe (irden oder aus Gusseisen), die feuerfest sind und deshalb in den Ofen gestellt werden können, wo sie die Hitze gleichmäßig an den Inhalt abgeben. Diese Zubereitung ist so simpel, dass man nicht glauben kann, welch großartigen Geschmack man damit erzielt. Hierfür sollte man eher große Pilze nehmen, auch solche mit dickeren Schwämmen, die auf diese Weise ein besonderes Aroma entwickeln. Wichtig ist ein gut schließender Deckel, der die Düfte im Topf hält. Falls der nicht vorhanden ist, kann man den Topf auch mit Alufolie verschließen.*

ZUTATEN
Für zwei Personen:

2–4 schöne Steinpilze
Salz, Pfeffer
ca. 3 EL Olivenöl

1 Die Pilze putzen, auch dickere Schwämme nicht entfernen; selbst den Stiel kann man am Kopf lassen, wenn er nicht zu lang ist! Mit der Oberseite nach unten in den Topf betten, der sie nebeneinander aufnehmen sollte (andernfalls in Partien arbeiten – dann kann man den ersten Pilz verspeisen, während der nächste im Ofen schmort). Salzen, mit Pfeffer würzen und mit Olivenöl beträufeln. Den Topf gut verschließen und in den auf 200 °C vorgeheizten Backofen stellen.

2 Nach etwa 10 Minuten (kleinere Pilze) bis ungefähr 20 Minuten sind die Pilze gar, nämlich schmelzend zart und durch und durch saftig. Dazu nichts weiter als frisches Weißbrot, mit dem man den köstlichen Saft aufsaugen kann.

GETRÄNK
Ein kraftvoller Weißwein, etwa ein Chardonnay aus Burgund.

TIPP

Wenn man Esskastanienblätter zur Verfügung hat, kann man diese unten in die Cocotte legen – so macht es der Drei-Sterne-Koch Alain Ducasse in seinem Restaurant Louis XV *in Monte Carlo!*

Reizker mit Kartoffeln

ZUTATEN
Für vier Personen:

ca. 500 g Blutreizker
1 Zwiebel
1–2 Knoblauchzehen
Salz, Pfeffer
2–3 EL Olivenöl
4–5 mittelgroße gekochte
Kartoffeln
1 Bund Petersilie

*Diese orange leuchtenden Pilze mit ihrem in noch röterer Färbung her-
vortretenden Saft schmecken einfach umwerfend gut, wenn man sie
scharf brät. Zuerst in der trockenen Pfanne braten, dann Olivenöl
dazu, Knoblauch und zerdrückte, gekochte Kartoffeln. So hat uns vor
vielen Jahren eine Fischersfrau in der Provence Reizker vorgesetzt.
Noch heute eine unserer Lieblingszubereitungen!*

1 Die Pilze putzen, möglichst nur solche nehmen, deren Hut sich noch
richtig trichterförmig nach oben öffnet, denn sobald sie ihn schirmartig
aufgefaltet haben, werden sie leicht zäh und schmecken fischig. Auch
sollten sich auf keinen Fall grünliche Ringe oder Stellen zeigen – dann
sind sie zu alt.

2 Die Pilze in Scheibchen schneiden und in der trockenen Pfanne braten, bis sie all ihren Saft abgegeben haben und dieser verkocht ist.
Jetzt fein gewürfelte Zwiebel und Knoblauch zufügen und nach einer
halben Minute bereits langsam das Öl zugießen. Nun muss alles zugleich ein paar Minuten richtig braten. Salzen, pfeffern. Schließlich die
gewürfelten Kartoffeln zufügen und auch noch einige Minuten mitbraten. Zum Schluss die gehackte Petersilie untermischen und das bäuer-
liche Gericht am besten in der Pfanne zu Tisch bringen.

BEILAGE
Frisch aufgebackenes Weißbrot. Eventuell ein knackiger Blattsalat,
angemacht nur mit Kräutern, Zitronensaft und Olivenöl.

GETRÄNK
Ein erfrischender Rosé aus der Provence.

Herbsttrompeten in Rahmsauce

ZUTATEN
Für vier Personen:

2–3 Frühlingszwiebeln
2 EL Butter
1–2 Knoblauchzehen
500 g Herbsttrompeten
(Pfifferlinge, Perlpilze, Steinpilze, natürlich auch jede andere Mischung!)
Salz, Pfeffer
1–2 Glas Sherry, Portwein oder Madeira
200 ml Sahne
6–8 Eier

Die sahnige Variante des Grundrezepts eignet sich besonders für Pilze, die normalerweise viel eigene Flüssigkeit haben; so wird die Sahne mit Pilzsaft verdünnt und macht das Gericht nicht so schwer und mächtig. Wir servieren die Sauce gern mit gekochten Eiern, sie passt natürlich auch bestens zu einem Steak oder Schnitzel!

1 Die Frühlingszwiebeln putzen, das Grün beiseite legen, das Weiße fein schneiden. In der Butter andünsten, den Knoblauch fein würfeln und zufügen. Sodann die geputzten Pilze mitdünsten und würzen. Am Ende mit Sherry oder Portwein ablöschen. Etwas einkochen, bevor mit Sahne aufgefüllt wird. Gut abschmecken.

2 Das Frühlingszwiebelgrün in recht feine Ringe schneiden und frisch unterrühren. Nur noch einmal kurz aufwallen lassen, dann sofort über die inzwischen gekochten Eier gießen.

GETRÄNK
Auch hierzu passt ein fruchtiger Rosé aus der Provence.

Rührei mit Pilzen

Das ist Pilzsammlers Trostessen: Selbst wenn er nicht mehr als ein Händchen voller Pilze aus dem Wald mitgebracht hat – für ein Rührei reicht es sicher allemal!

1 Entweder in zwei Pfannen arbeiten oder hintereinander, in letzterem Fall mit den Pilzen beginnen, die ja eine längere Garzeit als die Eier haben. Ein Esslöffel Butter in der Pfanne erhitzen, die Pilze darin andünsten wie im Grundrezept beschrieben. Wer mag, gibt auch einige Würfel fein gehackter Zwiebel oder Schalotte dazu. Salzen und pfeffern.

2 Die Eier verquirlen und würzen, in die Pfanne mit der restlichen Butter gießen, die zunächst schön heiß sein sollte. Dann die Hitze reduzieren, die Eier unter sorgfältigem Rühren zur Hälfte stocken lassen. Die gedünsteten Pilze zufügen und alles sorgsam mischen. Oder die Eier zu den angedünsteten Pilzen geben. Schnittlauchröllchen darüber streuen und sofort servieren – auf keinen Fall noch stehen lassen, weil sonst das Ei zu fest wird. Es muss noch saftig und cremig sein!

BEILAGE
Bauernbrot, nach Belieben geröstet und eventuell sogar mit Knoblauch abgerieben.

GETRÄNK
Ein feiner Weißburgunder, zum Beispiel vom Kaiserstuhl oder vom Bodensee.

ZUTATEN
Für ein bis zwei Personen:

3 EL Butter
1–2 Hand voll Pilze
evtl. 1 Zwiebel oder Schalotte
3–4 Eier
Salz, Pfeffer
etwas Muskat
Schnittlauch

Pilzpaste

Zum Schluss noch ein Vorratstipp: Pilze, die weniger schön sind, auch solche mit dicken Schwämmen, werden nach dem Grundrezept gedünstet – mit Zwiebeln, Knoblauch, eventuell auch etwas Chili und gehackten Kräutern (Petersilie oder Basilikum). Am Ende wird alles gemixt. So entsteht eine unerhört würzige Creme – gut für Spaghetti, auf Crostini und eingeweckt oder eingefroren hervorragend für den Vorrat. Zum Einwecken am besten in Schraubgläser füllen. In der mit Wasser gefüllten Fettpfanne oder einem Bräter im Backofen bei 180 °C sterilisieren – ca. 30 bis 50 Minuten (je nach Größe der Gläschen), so lange nämlich, bis in den Gläsern Luftbläschen emporsteigen. Langsam abkühlen, am besten im Backofen, dann hält sich die Paste ein gutes Jahr lang.

Zart und unwiderstehlich:
Wild

Ganz schön Wild!

Ein Festessen im Herbst

Herbst ist Wildsaison, auch, wenn man nur im Supermarkt oder beim Wildhändler auf die Pirsch geht. Weil sich viele aber nicht so recht an das nicht ganz so alltägliche Fleisch trauen, zeigen wir in diesem Kapitel, wie man mit dem feinen Fleisch aus dem Wald am besten umgeht. Hoffentlich enttäuschen wir niemanden, wenn wir verraten, dass es da so gar keinen Unterschied zu „normalem" Fleisch gibt. Ob wir eine Lamm- oder Rehkeule braten, ist im Prinzip egal, und ob das Steak vom Hirsch oder vom Kalb stammt, ist ebenso gleich. Als Faustregel lässt sich sagen: Das zarte Fleisch aus dem Rücken eignet sich zum Kurzbraten, die von Sehnen durchwachsenen Schultern werden am besten zu würzigem Ragout geschmort, und aus der Keule lässt sich ein fabelhafter Braten herstellen.

Zahmes oder wildes Wild?

Was wie ein Widerspruch klingt, ist keiner. Fast die Hälfte des in Deutschland verkauften Wilds stammt gar nicht aus dem Wald, wo der grün gekleidete Jägersmann es von seinem Hochsitz aus erlegt, sondern kommt aus sogenannter Gatterhaltung. Meist aus Neuseeland, wo man in riesigen umzäunten Waldgehegen das Wild wie auf einer Farm hält und die Tiere in dort errichteten Schlachtbetrieben auch erlegt, beschaut und verarbeitet. Das entbehrt zwar der Jägerromantik, garantiert aber eine fabelhafte Fleischqualität und perfekte Hygiene bis zur Verpackung. So stammt vor allem das Wild, das bei uns in der Gastronomie verarbeitet wird, zum Großteil aus dieser neuseeländischen dear-industrie, bei Hirschfleisch sind es fast 80 Prozent. Viele Wirte bevorzugen dieses Fleisch, weil es nach strengen Richtlinien beschaut wird, also

tierärztlichen Stichproben unterworfen ist, während das Wild, das in unseren Wäldern erlegt wird, nur dem Augenschein des Jägers unterliegt. Der ist zwar zunehmend besser ausgebildet, und auch er muss seine Vorschriften korrekt einhalten – aber man kann Pech haben und ein Stück Fleisch erwischen, das nicht vorschriftsmäßig behandelt wurde und deshalb mit Keimen und Bakterien belastet ist. Und so ist es immer besser, das Fleisch beim Fachmann, also beim vertrauenswürdigen Wildhändler, einzukaufen, der weiß, woher die Ware stammt, die er anbietet, statt einfach in die Tiefkühltruhe im Supermarkt zu greifen. Auch hier ist übrigens ein zu billiger Preis oftmals ein Indiz, dass die Qualität eher fragwürdig ist.

Die verschiedenen Garmethoden

Das kurzfaserige Fleisch aus dem Rücken, egal, ob vom Reh, Hirsch, Frischling (dem jungen Wildschwein) oder auch vom Hasen, ist so zart wie jedes andere Filet. Deshalb kann man es auch genauso zubereiten: scharf und kurz anbraten und dann behutsam nachziehen lassen, bis das Fleisch durch und durch rosa ist – natürlich nicht blutig, aber auch nicht durchgebraten.

Sehnenreiche Teile wie Schultern, auch die Keulen kleinerer Tiere (zum Beispiel Hasen) oder großer Tiere (zum Beispiel Wildschwein) werden am besten geschmort. Weil Fleisch immer am besten schmeckt, wenn es am Knochen gegart wurde, der es saftig hält und dabei Geschmack und Aroma verleiht, sollte man die Stücke im Ganzen anbraten und dann langsam bei milder Hitze gar schmoren. Zum Servieren löst man das Fleisch dann am besten vom Knochen, schneidet es in Würfel und wärmt es in der fertiggestellten Sauce noch einmal auf, um es dann an den Tisch zu bringen.

Die Keule eines jungen Rehs (vom Kitz oder vom einjährigen Schmaltier) oder eines Frischlings (dem ganz jungen, höchstens zehn Monate alten Wildschwein) kann man wunderbar nach der traditionellen Niedertemperatur-Methode (siehe dazu auch Seite 60) braten: Zuerst bei größter Hitze anbraten, dann in der nachlassenden Hitze und am Ende bei nur 100 bis 120 °C nach- und durchziehen lassen, bis das Fleisch durch, aber noch immer rosa ist.

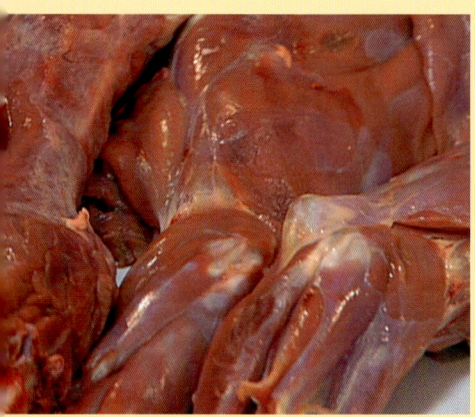

Beizen oder nicht?

In alten Rezepten wird es stets empfohlen: Das Fleisch in eine Rotwein-
beize zu legen, in Buttermilch zu marinieren oder auf irgendeine andere Weise vorzubehandeln, bevor man es zubereitet. Dieser Punkt
wird oft wie eine Glaubensfrage behandelt. Viele schwören darauf, Wild
zu beizen, während andere das als völlig altmodisch ablehnen. Wie so
oft, liegt auch hier das Ideal in der salomonischen Mitte: Junges Wild
ist zart und bedarf deshalb keinerlei Beize, die ja dafür sorgen soll, das
Fleisch mürbe zu machen. Auch ist es im Geschmack noch nicht so aus-
geprägt, so „wild", wie das Fleisch von ausgewachsenen Tieren und
muss daher nicht „besänftigt" werden. Dem festeren, herzhafteren
Fleisch einer großen Wildsau allerdings tut es durchaus gut, wenn man
es beizt, weil durch die Säure der Beize die Fleischfasern mürber werden und das Fleisch nach dem Schmoren zarter auf der Zunge zergeht.
Auch kann man den ausgeprägten Wildgeschmack auf diese Weise mildern beziehungsweise ihm überhaupt eine neue Dimension verleihen.

Die passenden Gewürze

Der typische Wildgeschmack verträgt starke Gewürze. Klassischerweise
gehören Wald- und Felddüfte zu Wild, also die Aromen, mit denen die
Tiere aufgewachsen sind: beispielsweise Wacholder, Lorbeer, Wild-
kräuter, Waldbeeren, mit denen man ruhig großzügig umgehen darf.
Wir bereiten eine Gewürzmischung zu, die man ruhig auf Vorrat herstellen kann – sie hält sich im Schraubglas (vor allem, wenn es lichtge-
schützt aufbewahrt wird) eine Weile und man kann damit auch andere
herzhafte Gerichte würzen.

Unser Wildgewürz

Wenn man mit dieser Mischung das Fleisch beizen beziehungsweise marinieren will, ist es wichtig, dass kein Salz dabei ist – Salz entzieht dem Fleisch Wasser, dadurch wird es trocken und hart. Deshalb das Salz erst kurz bevor das Fleisch zubereitet wird, zufügen, unmittelbar vor oder sogar erst nach dem Anbraten.

Die Gewürzkörner, Kümmel, Selleriesamen, die aus ihrer Kapsel gelösten Kardamomsamen und die entkernten Chilis in einer trockenen Pfanne rösten, bis sie springen und zu duften beginnen. Dann mit den zerzupften Lorbeerblättern, den abgestreiften Thymianblättchen und dem Zucker im elektrischen Zerhacker pulverisieren. Diese Würzmischung in einem Schraubglas dunkel aufbewahren.

Der passende Wein

Zum Kochen nimmt man einen eher milden Rotwein, etwa einen Spätburgunder aus der Pfalz oder einen süffigen Marzemino aus dem Trentino, der mit seiner Frucht eine schöne Sauce ergibt. Dann serviert man entweder denselben Wein auch zum Essen oder man legt eins drauf, weil es ein Festessen sein soll, und nimmt stattdessen einen kräftigeren Roten: Es passen sowohl die Klassiker – Burgunder wie Côtes-du-Rhône, Châteuneuf-du-Pape oder Bordeaux, Barolo oder Barbaresco, Chianti oder Brunello di Montalcino, Rioja oder Priorato –, aber ebenso die modernen Weine aus allen Regionen
der Welt, Chile oder Kalifornien, Neuseeland oder Australien, Südafrika oder den erst in den letzten Jahren zu Weltruf gekommenen mediterranen Gebieten, etwa die Maremma, Apulien, Dalmatien oder Mallorca.

ZUTATEN

Für ca. 150 g:

Je 2 EL weiße und
schwarze Pfefferkörner
1 EL Wacholderbeeren
1 EL Senfsamen
1 EL Korianderkörner
1 EL Kümmel
1 TL Selleriesamen
5 Kardamomkapseln
2–3 getrocknete Chilischoten
2 Lorbeerblätter
2 Thymianzweige
1 gehäufter EL brauner Rohrzucker

Medaillons mit Rotweinschalotten

Ein feines schnelles Essen für zwei oder drei Personen. Je nachdem, ob man die Steaks vom Hirschkalb oder vom Reh nimmt, rechnet man eine bis zu drei Scheiben (etwa zweifingerdick) pro Portion. Und wenn man die Scheiben aus dem echten Filet schneidet, können es sogar drei bis vier dünnere Scheibchen pro Person sein, insgesamt etwa 150 g.

1 Die Steaks auf der Arbeitsfläche in Form drücken, dabei glatt streichen und mit der Würzmischung gut einreiben. In einer Pfanne das Öl stark erhitzen und die Steaks darin nebeneinander rasch anbraten. Sobald sich die Unterseite leicht vom Pfannenboden lösen lässt und sie schön gebräunt ist, wenden und die andere Seite braten. Jetzt die Steaks salzen und sofort aus der Pfanne nehmen, sobald die andere Seite ebenfalls appetitlich braun ist. Damit dies auch wirklich schnell genug passiert, die Hitze hoch halten – dass es dabei spritzt, lässt sich nicht vermeiden. Um zu verhindern, dass alles von Fett bespritzt wird, einen Spritzschutz oder ein Blatt Küchenpapier über die Pfanne breiten.

2 Die angebratenen Steaks sind jetzt natürlich noch nicht gar! Auf einen vorgewärmten Teller betten, mit einem zweiten Teller zudecken und in den 80 °C warmen Backofen stellen – mindestens für zehn Minuten, bis das Fleisch schön durchgezogen ist und sich die Säfte wieder verteilt haben. Ruhig auch länger, bis die Rotweinschalotten fertig sind:

3 Dafür die Schalotten pellen, kleine Exemplare ruhig ganz lassen, größere längs halbieren oder sogar vierteln. Im Bratfett die Hälfte der Butter schmelzen, die Schalotten zufügen und sanft weichschmurgeln lassen. Dabei mit Salz, nach etwa fünf Minuten auch mit Zucker und abgeriebener Orangenschale würzen. Erst dann nach und nach den Rotwein angießen, immer wieder verkochen lassen, damit die Sauce dicklich einkocht. Rotweinessig und Balsamico angießen und ebenso verkochen lassen. Am Ende die restliche Butter unterschwenken und noch einmal abschmecken.

4 Zum Servieren die Steaks auf vorgewärmten Tellern oder einer Platte anrichten, mit der Sauce überziehen und die Schalotten dekorativ auf und neben dem Fleisch verteilen. Zum Schluss mit Schnittlauchröllchen bestreuen.

BEILAGE
Weißbrot oder cremige Polenta

ZUTATEN
Für zwei bis drei Personen:

ca. 3–6 Hirschkalbsteaks
1 EL Wildgewürzmischung
(siehe S. 99)
3 EL Olivenöl
Salz
200 g Schalotten
3 EL Butter
1 EL Zucker
abgeriebene Orangenschale
1/4 l Rotwein
1–2 EL Rotweinessig
1 EL Balsamicoessig

TIPP

Wildsteaks : Aus dem ausgelösten Rückenstrang schneidet man schöne dicke Steaks – die man, wenn sie nur handtellergroß sind, ihrer kleineren Form wegen auch Medaillons nennt. Man kann sie wie Kalbssteaks braten, also schön rosa – oder auch schnetzeln und rasch pfannenrühren.

Hirschfilet aus dem Wok

… das liegt gar nicht so fern – auch in Asien liebt man Wild. Und natürlich werden die zarten Fleischstücke dort im Wok umhergewirbelt. In der chinesischen Küche zum Beispiel so:

1 Das Fleisch in feine Scheibchen, diese in zweifingerbreite Streifen schneiden. Mit Sojasauce, Sherry (oder Reiswein) und Sesamöl einreiben und 15 bis 20 Minuten marinieren. In der Zwischenzeit die übrigen Vorbereitungen erledigen: Die Pilze mit kochendem Wasser bedecken und einweichen. Den Weißkohl von dicken Strünken säubern und in knapp zweifingerbreite Streifen schneiden. Ingwer, Knoblauch und Chili winzig fein würfeln. Paprika in halbzentimeterschmale Streifen schneiden. Am Ende das Fleisch mit der Stärke überpudern und diese gut einreiben.

2 Im Wok beide Ölsorten stark erhitzen. Zunächst das Fleisch zufügen und unter Rühren braten, dabei sofort mit Salz und Pfeffer würzen, aber sparsam! Dann Ingwer, Knoblauch und Chili dazugeben, nach zweimaligem Wenden auch den Weißkohl, die abgetropften Pilze und schließlich den Paprika. Unter schnellem Rühren braten, jeweils immer ein paar Körnchen Salz (nicht nur für die Würze – auch für die Farbe, die dadurch stabilisiert wird) zufügen. Anschließend den Zucker über alles streuen und karamellisieren lassen. Mit Brühe oder einem guten Schuss Pilzeinweichwasser ablöschen. Sojasauce angießen, nochmals gründlich rührend aufkochen lassen und sofort servieren. Vor dem Auftragen frisches Koriandergrün zerzupfen und darüberstreuen.

BEILAGE
Duftender, körniger Reis.

ZUTATEN
Für vier Personen:

400 g Hirschfilet oder ausgelöster
Rücken
1 EL Sojasauce
1 EL Sherry oder Reiswein
1 TL Sesamöl
1 kleine Handvoll getrocknete
chinesische Morcheln
$1/2$ kleiner Weißkohlkopf
1 Stück Ingwerwurzel (ca. 3 cm)
2–3 Knoblauchzehen
1–2 grüne oder rote Chilischoten
$1/2$ rote Paprikaschote
1 EL Speisestärke
2 EL neutrales Öl
1 EL Sesamöl
Salz, Pfeffer
$1/2$ EL Zucker
2–3 EL Brühe
1 EL Sojasauce
Koriandergrün

Rehpfeffer

Das ist das Lieblingsgericht für alle, die Saucen lieben, denn die ist bei einem solchen Ragout das Beste! Und weil Fleisch an seinem Knochen gegart am besten schmeckt, sollte man es auf keinen Fall vorher auslösen. Hinzu kommt, dass gegartes Fleisch leichter zu entbeinen ist. Und von fertig geschnittenem Wildgulasch möchten wir ohnehin abraten, denn darin verstecken sich nur zu oft Qualitäten, die wir nicht gerne auf den Teller bringen ... Es empfiehlt sich, den Rehpfeffer bereits am Vortag oder wenigstens am Morgen des Festtags anzusetzen. Dann kann man das Fleisch in aller Ruhe abkühlen lassen und sorgsam von den Knochen lösen und in der Zwischenzeit die Sauce fertigstellen. Dann muss man vor dem Servieren das Fleisch darin nur wieder behutsam erwärmen. Entspannter kann man es als Gastgeber nicht haben!

ZUTATEN

Für sechs Personen:

1–2 Rehschultern (insgesamt
ca. 1,5 kg Fleisch mit Knochen)
2 gehäufte EL Wildgewürzmischung
(siehe S. 99)
100 g fetter Speck (am besten
nicht oder nur sehr schwach
geräuchert, sonst dominiert der Räuchergeschmack zu sehr)
1–2 EL Öl
Salz
1 Möhre
1 Stück Sellerie
1/2 Lauchstange
etwas Petersilienwurzel
2 Sternanis
2 Gewürznelken
1 gehäufter EL Johannisbeergelee
1 EL Tomatenmark
1/2 l Rotwein (ein fruchtiger,
junger Spätburgunder)

1 Die Rehschultern, wenn sie nicht bequem in den Schmortopf passen, im Gelenk in Stücke schneiden (oder vom Wildhändler schneiden lassen – übrigens noch ein Vorteil, wenn man beim Fachmann einkauft!). Dann die Stücke gründlich mit der Gewürzmischung einreiben und durchziehen lassen.

2 Im Schmortopf den fein gewürfelten Speck ausbraten, dabei etwas Öl zufügen, damit der Speck nicht verbrennt. Die Fleischteile im ausgelassenen Fett von allen Seiten anbraten. Sie sollen rundum appetitlich bräunen – das dauert übrigens seine Zeit! Anschließend salzen, herausheben und beiseite stellen.

TIPP

Etwa ein Drittel des Schmorgemüses vor dem Mixen herausfischen und dann nur so viel der Sauce zufügen, bis die richtige Konsistenz erreicht ist.

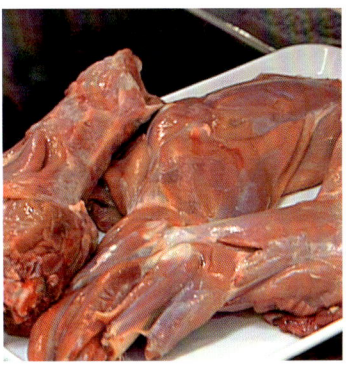

3 Die sehr fein gewürfelten Wurzelgemüse anrösten; dabei die Hitze so regulieren, dass das Gemüse schön brutzelt und gart, aber nicht zu dunkel bräunt. Sternanis und Nelken zufügen (am besten in ein Mullsäckchen gewickelt oder in einem Tee-Ei, damit man sie später leichter herausfischen kann). Schließlich das Gelee und das Tomatenmark dazugeben und mitrösten. Mit dem Rotwein ablöschen. Die Fleischteile wieder in den Topf betten, das Ganze nochmals zum Kochen bringen und jetzt den Deckel auflegen. Nun bei kleiner Hitze oder bei 125 °C im Backofen (Ober- und Unterhitze) etwa eineinhalb bis zwei Stunden schmoren. Abkühlen lassen.

4 Das Fleisch schließlich von den Knochen lösen und in mundgerechte Würfel schneiden. Das Gewürzsäckchen aus dem Bratenfond fischen und wegwerfen. Den Fond mit dem Pürierstab glatt mixen und gut abschmecken. Die Fleischwürfel darin erwärmen und vor dem Servieren fein geschnittenes Selleriegrün unterrühren.

BEILAGE
Es passt alles, was gut die herrliche Sauce aufnimmt – Kartoffelpüree, Spätzle oder andere Nudeln. Oder eine cremige Polenta (siehe nächste Seite).

GETRÄNK
Idealerweise der Wein, mit dem gekocht wurde. Ein fruchtiger, nicht zu alter Spätburgunder.

Cremige Polenta

Wem die üblichen Polentaschnitten zu fest, zu mächtig, zu derb sind, der freut sich vielleicht über diese Art, Maisgrieß zuzubereiten.

Den Grieß in die leise kochende Brühe streuen, dabei rühren und abwarten, bis nach einigen Minuten ein nicht zu dicker Brei entstanden ist. Leise blubbernd ausquellen lassen, dabei immer wieder rühren. Die Polenta ist nach etwa zehn Minuten gar. Butter und Käse einrühren und mit Muskat würzen.

ZUTATEN

Für sechs Personen:

125 g Polentagrieß
ca. 1 l leichte Geflügel- oder
Gemüsebrühe
ca. 30 g Butter
2−3 EL geriebener Käse
Muskat

TIPP

Die Polenta lässt sich übrigens prima aufwärmen – man kann sie also ruhig schon am Nachmittag kochen und am Abend auf milder Hitze unter gelegentlichem Rühren wieder erwärmen. Eventuell mit einem Schuss zusätzlicher Brühe verdünnen: Sie sollte die Konsistenz eines zarten Kartoffelpürees haben.

Geschmorte Ofenfrüchte

Ein herrliches Herbstdessert! Und so einfach und schnell gemacht: Äpfel, Birnen, Trockenzwetschgen und Orangen werden mit Zucker und Wein im Ofen geschmort. Unbedingt am Vortag zubereiten, damit alles schön durchziehen und abkühlen kann. Wer's üppig mag, serviert dazu halbsteif geschlagene Sahne…

Birnen und Äpfel schälen, aber ganz lassen, auch den Stiel möglichst nicht entfernen. Die Orangen mit Schale in dünne Scheiben schneiden und eine feuerfeste, tiefe Form damit auslegen. Die geschälten Früchte längs halbieren und mit den Trockenpflaumen dicht an dicht auf den Orangenscheiben verteilen. Mit dem Zucker bestreuen und dann den Rotwein angießen. In den auf 180 °C vorgeheizten Backofen schieben und eine Stunde lang schmurgeln lassen. Abkühlen, über Nacht kalt stellen. In der Form zu Tisch bringen.

BEILAGE
Dazu halbsteif geschlagene Sahne reichen, die mit Vanillezucker parfumiert ist.

ZUTATEN
Für sechs Personen:

3 Birnen
3 Äpfel
3 Orangen (ungespritzt!)
150 g Trockenpflaumen
100 g Zucker
$^1/_2$ l Rotwein
$^1/_4$ l süße Sahne
1 TL Vanillezucker

Frischlingskeule
mit Kastanien und Rotkraut

Wildschwein ist sicher nicht jedermanns Sache, aber das Fleisch eines Frischlings, vergleichbar etwa mit einem Spanferkel, hat noch nicht den ausgeprägten, typischen Geschmack und ist auch wunderbar zart. Die Keule ergibt einen schönen Festtagsbraten.

1 Die Keule mit Wildgewürz und Olivenöl gut einreiben und eine Stunde marinieren lassen. Erst dann salzen, in einen Bräter setzen und in den auf heißeste Stufe vorgeheizten Ofen schieben. Nach etwa 30 Minuten, wenn das Bratenstück rundum brutzelt und schön gebräunt ist, die gewürfelte Zwiebel, den zerdrückten Knoblauch und das Wurzelgemüse drum herum verteilen und weitere zehn Minuten lang braten. Dabei jedoch die Hitze bereits auf 150 °C (Ober- und Unterhitze; Heißluft 130 °C) herunterschalten. Erst wenn das Gemüse gebräunt und weich ist, mit Wein ablöschen. Die Keule in der nachlassenden Hitze etwa 90 Minuten gar schmurgeln lassen, dabei darauf achten, dass das Gemüse immer in ausreichender Feuchtigkeit liegt und nicht verbrennt – eventuell einen guten Schuss Wasser angießen. Für die letzte halbe Stunde die Ofentemperatur auf 110 °C (Ober- und Unterhitze; Heißluft 90 °C) herunterschalten.

2 Am Ende den Bratenfond mitsamt dem Wurzelgemüse in eine Kasserolle umfüllen (eventuell einen Teil zurückbehalten, um nachher die Konsistenz zu regulieren), aufkochen und mit dem Pürierstab glatt mixen. Dabei die Butter in Flöckchen einarbeiten, bis die Sauce glänzt – wenn nötig mit einem Schuss Brühe verdünnen. Gut abschmecken, nach Gusto mit einem guten Schuss Balsamico, und getrennt zum Braten servieren.

3 Servieren: Die Keule am besten erst am Tisch tranchieren, damit die Gäste zuschauen können. Es ist übrigens gar nicht schwer: Die Keule am Knochen fassen, mit einem großen Messer die dicke, also gewölbte Seite vom Gelenkknochen aus waagrecht abschneiden – dieses Stück lässt sich jetzt wunderbar senkrecht, also quer zum Faserverlauf, in dünne Scheiben aufschneiden. Die andere Seite ebenso parallel zum Knochen abtrennen und genauso dünn aufschneiden.

4 Verwendet man für die geschmorten Kastanien frische Früchte, müssen diese zunächst einmal vorbereitet werden: Die Kastanien kreuzweise einritzen, auf einem Blech ausbreiten und im Backofen (am besten über dem Braten, nachdem die Hitze gerade heruntergeschaltet wurde) eine halbe Stunde backen, bis sie weich sind. Kastanien dann aus der Schale pellen, auch die innere dünne Haut ablösen. Vor dem Servieren werden die Kastanien dann geschmort: Die Schalotten oder Zwiebel fein würfeln und in der Butter andünsten. Zerdrückten Knoblauch zufügen. Schließlich auch die frischen oder die Kastanien aus der Vakuumverpackung, ebenso das Gelee. Den Topf gründlich rütteln, damit sich alles gut mischt. Zugedeckt einige Minuten schmurgeln lassen. Vor dem Anrichten großzügig in feine Streifen geschnittene Minze unterrühren.

5 Den Rotkohl in feine Streifen schneiden und dabei die dicken Strünke entfernen. In einem breiten Topf das Schmalz erhitzen und die fein gewürfelte Zwiebel darin andünsten. Knoblauch fein würfeln und zufügen. Alles mit Zucker bestreuen und ihn karamellisieren lassen – bevor er zu dunkel wird, mit Essig ablöschen. Den Kohl in den Topf geben und gründlich in diesem Ansatz wenden, bis er sich überall hellrot gefärbt hat. Jetzt die Hitze reduzieren, einen Schuss Brühe angießen, mit Wildgewürz und Salz würzen und zugedeckt bei kleiner Hitze etwa 15 Minuten gar schmurgeln lassen.

BEILAGE
Ebenfalls cremige Polenta oder auch Spätzle! Sie gelingen nach dem Rezept auf Seite 59 für Wurstspatzen ganz leicht. Man muss nur ein Ei mehr nehmen, als dort angegeben, wenn man die Wurst weglässt.

ZUTATEN
Für sechs bis acht Personen:

1 Frischlingskeule (knapp 2 kg)
2 gehäufte EL Wildgewürzmischung
(siehe S. 99)
2–3 EL Olivenöl
Salz
1 große Zwiebel
2–3 Knoblauchzehen
2 Tassen fein gewürfeltes
Wurzelgemüse (Möhre, Sellerie,
Petersilienwurzel)
$1/4$ l Rotwein
50 g Butter

Geschmorte Kastanien:

1 kg Kastanien oder 1 Paket gekochte
Kastanien (vakuumverpackt)
2 Schalotten oder 1 rote Zwiebel
2 EL Butter
1 Knoblauchzehe
eventuell 1 Chilischote
1 gehäufter EL Quitten-
oder Apfelgelee
Frische Minze

Gedünstetes Rotkraut:

1 Kopf Rotkohl (ca. 800 g)
2 El Schweineschmalz
1 Zwiebel
1 Knoblauchzehe
1 EL Zucker
2 EL Essig
1 gehäufter EL Wildgewürzmischung
(siehe S. 99)
Salz
etwas Brühe
2 EL Balsamicoessig

Zeit für eine knusprige Ente!
Kross und saftig, ein richtiger Festtagsbraten

So etwas gönnt man sich nicht alle Tage: Eine gebratene Ente, deren Duft schon vor dem Essen das ganze Haus erfüllt, bis sie dann verlockend knusprig auf dem Tisch steht. Mit Rosenkohl und einer Sauce, von der man noch den letzten Tropfen mit dem Finger vom Teller wischt. Ein Festtagsbraten!

Wir finden, man muss durchaus nicht bis Weihnachten auf ein solches Vergnügen warten. Im Herbst ist genau die richtige Zeit dafür: Die Enten sind jung und ihr Fleisch zart. Und wir zeigen Ihnen, wie alles perfekt gelingt. Laden Sie sich also Freunde ein – was gibt's Schöneres, als gemeinsam am Tisch zu sitzen, zu genießen, zu schwatzen, gut zu essen und zu trinken?

Es heißt ja, eine Ente sei ein unpraktisches Tier: für einen zu viel und für zwei zu wenig … Tatsächlich reicht eine ordentliche Ente durchaus für vier Personen, schließlich gibt's ja noch etwas dazu. Zum Beispiel die Füllung – die bei uns diesmal aus Kartoffeln besteht! Und denken Sie daran: ein Festessen ist es ja eigentlich nur, wenn es außerdem eine Vorspeise und hinterher ein Dessert gibt!

Gebratene Ente
mit Kartoffelfüllung

Eine gut gemästete, gut zwei Kilo schwere Ente sollte es schon sein. Dann ist das Fleisch ausgereift, kernig und herzhaft. Sollte sie tiefgekühlt sein, bitte langsam auftauen lassen – wenn es draußen kalt ist (unter acht Grad), ruhig auf dem Balkon, sonst im Keller oder im Kühlschrank. Das ist wichtig, weil so das in den Zellen gespeicherte Wasser langsam schmelzen kann und die spitzen Eiskristalle, die sich beim raschen Auftauen bilden, die Zellwände nicht zerreißen. Eine anständige Ente aus einem kleinen Betrieb braucht man nicht zu waschen, es genügt, sie innen und außen mit Küchenpapier aus- und abzuwischen. Eine aufgetaute Ente allerdings sollte man sicherheitshalber gründlich unter kaltem Wasser ab- und ausspülen und anschließend gut abtrocknen. Der Rest ist ganz einfach.

1 Die Ente mit Küchenpapier auswischen, wenn nötig waschen. Für die Gewürzmischung Salz, Zucker, Pfeffer, Majoran und Kümmel im elektrischen Zerhacker mixen. Mit einem Teil dieser Mischung die Ente innen und außen einreiben, gut einmassieren.

ZUTATEN
Für vier Personen:

1 schwere, schöne Ente
(gut 2 kg)

Gewürzmischung für Geflügel:
1 gehäufter TL Salz
1 TL Zucker
je 1 TL weiße und schwarze
Pfefferkörner
2 EL getrockneter Majoran
1 EL Kümmel

Außerdem:
ca. 500 g Kartoffeln
2 rote Zwiebeln
2 EL Olivenöl (oder Butter)
3–4 Stängel glatte Petersilie
1–2 Tassen zentimeterklein
gewürfeltes Wurzelwerk: Möhre,
Lauch, Sellerie
1 Glas Weißwein
ca. ½ l Brühe

Zum Bestreichen:
3 EL Apfelessig
1 EL Sojasauce
1 EL Zucker

Sauce:
1–2 EL Quittengelee
oder -konfitüre
Salz, Pfeffer,
Cayennepfeffer
Balsamico oder Zitrone

2 Kartoffeln und Zwiebeln schälen, Kartoffeln in zweizentimeter-, die Zwiebeln in knapp zentimeterkleine Würfel schneiden. In einer großen Pfanne im heißen Öl fünf Minuten andünsten, dabei immer wieder schwenken. Erst jetzt die nicht zu fein gehackte Petersilie sowie die restliche Gewürzmischung unterrühren. Alles in den Entenbauch füllen (was nicht hineinpasst, kommt später zusammen mit dem Wurzelwerk in die Bratenform). Die Öffnung zunähen oder mit Zahnstochern zustecken.

3 Die Ente an den fettesten Stellen – unter den Flügeln, am Pürzel und auf der Brust – mit einer Gabel mehrfach einstechen, so kann das Fett besser herausbraten. Den Vogel mit Küchenzwirn in Form binden, vor allem die Flügel und Beine an den Körper schnüren, damit nichts absteht, was verkohlen könnte.

4 Mit der Brust nach unten in eine Bratenform setzen und in den 250 °C heißen Ofen schieben. Dort soll etwa 20 bis 25 Minuten lang zunächst das Fett herausbraten, bevor die Ente auf den Rücken gedreht wird. Erst dann das klein geschnittene Wurzelwerk auf der einen Seite, die restlichen Kartoffel- und Zwiebelwürfel auf der anderen Seite verteilen. Zugleich die Hitze auf 150 °C (Heißluft; 170 °C Unter-/Oberhitze) herunterschalten. Nach weiteren 10 Minuten, sobald das Gemüse angeröstet ist, mit Weißwein und mit Brühe ablöschen.

5 Die Ente in der nachlassenden Hitze weitere 90 Minuten langsam braten, dabei ab und zu mit dem Bratenjus beschöpfen. Sollte der zu sehr einkochen, mit einem Schuss Wasser oder Brühe verdünnen.

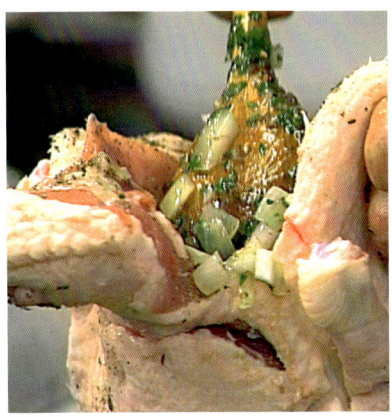  

6 Apfelessig, Sojasauce und Zucker verrühren und am Ende der Garzeit die Ente damit bepinseln, das macht die Haut besonders knusprig. Ob die Ente gar ist, erkennen Sie, wenn Sie an der Keule mit einem Stäbchen ins Fleisch pieken: läuft klarer Saft heraus, ist die Ente fertig. Ist der Saft noch blutig, braucht sie noch eine gewisse Zeit.
Der Trick, wenn Sie sich in der Zeit verschätzt haben oder die Ente nicht sofort auf den Tisch kommen kann (weil die Gäste später eingetroffen sind oder sich die Vorspeise länger hingezogen hat): Die Temperatur auf 100 °C herunterschalten. 10 Minuten, bevor serviert werden soll, die Ente dann rundum mit Apfelessig-Sojasauce-Lösung bepinseln und die Hitze nochmals auf stärkste Stufe schalten.

7 In der Zwischenzeit können Sie in aller Ruhe die Sauce zubereiten: Den gesamten Saft mitsamt dem Wurzelgemüse aus der Bratenform in eine Kasserolle umfüllen. Kurz stehen lassen, bis sich das Fett oben sammelt. Vorsichtig abgießen oder sogar mit einer so genannten Fett-Mager-Terrine vom Fleischjus trennen. Jus einkochen, wenn noch zuviel Flüssigkeit vorhanden ist, dann mit dem Pürierstab alles aufmixen, bis das Gemüse zerkleinert und die Sauce schön cremig geworden ist. Einen Löffel Quittenkonfitüre unterrühren und die Sauce schließlich abschmecken: Mit Salz und Pfeffer, einem Hauch Cayennepfeffer und einem guten Spritzer Balsamico oder Zitronensaft.
Als Beilage empfehlen wir Rosenkohl – siehe das Rezept auf der nächsten Seite.

Rosenkohl mit Haselnüssen

Zugegeben, er macht ein bisschen Mühe, weil man jedes Röschen ein-zeln putzen muss, außerdem noch, damit sie schneller garen, am Stiel kreuzweise einschneiden sollte. Wem das zu lange dauert, der kann natürlich auch tiefgekühlten Rosenkohl verwenden. Aber frisch ist er eben besonders knackig und zart im Geschmack!

ZUTATEN
Für vier Personen:

1,2 kg Rosenkohl
(möglichst kleine Röschen)
Salz
50 g durchwachsener Speck in
dünnen Scheiben
50 g Haselnüsse
2–3 EL Butter
Salz, Pfeffer
Muskat

1 Die Röschen putzen, äußere, welke Blätter entfernen, den Stielansatz kappen und kreuzweise einschneiden. In reichlich gut gesalzenem Was-ser zwei Minuten kochen, dann in eiskaltem Wasser abkühlen – diese Prozedur hilft, dass der Rosenkohl seine schöne grüne Farbe behält. (Man kann all das schon am Morgen erledigen. Dann braucht man den Rosenkohl kurz vor dem Servieren nur noch zu dem Speck und den Ha-selnüssen in die Pfanne zu geben und wenige Minuten durchwärmen.)

2 Den Speck in feine Streifen schneiden und in einer ausreichend gro-ßen Pfanne (sie soll alle Rosenkohlröschen fassen können) ausbraten, dabei zart bräunen. Dann die in Scheibchen gehobelten Haselnüsse zu-fügen und mitrösten.

3 Den abgetropften Rosenkohl zufügen, mit Salz, Pfeffer und Muskat würzen und zugedeckt einige Minuten schmurgeln lassen, bis sich alles gut verbunden hat.

4 Die Ente auf einer Platte servieren, Rosenkohl und die Sauce getrennt reichen.

5 Tranchieren: Erst die Keulen abtrennen, dann die Flügel mit einem Teil der Brust. Schließlich auch die Brüste auslösen und schräg in fingerdicke Scheiben schneiden. Jetzt kann sich jeder Gast sein Lieblingsstück aussuchen. Die Füllung wird mit einem Löffel aus dem Bauch geschabt und als Beilage serviert.

GETRÄNK

Zum Entenbraten gibt's natürlich einen kraftvollen Rotwein, zum Beispiel einen Barbaresco oder Barolo aus dem Piemont.

Gefüllte Entenbrust

Wer lieber seinen Braten von Knochen ungehindert in schöne Scheiben schneidet, für den haben wir das ultimative Rezept: ein saftiger Entenbraten, der aus dem schieren Brustfleisch besteht. Ideal für zwei Personen, die mit einer kompletten Ente ohnehin überfordert wären. Zusammengehalten wird der Braten mit einer Brezelfüllung, die zugleich eine schöne Beilage ist.

ZUTATEN

Für zwei Personen:

1 Paket französische Entenbrüste
(weiblich! Schmecken besser als die
von männlichen Tieren), ca. 450 g
2 altbackene Brezeln
ca. ⅛ l lauwarme Milch
1 kleine Zwiebel
1 EL Butter
2 Knoblauchzehen
Petersilie
1 kleine Chilischote
1 Ei
Salz, Pfeffer
Muskat
1 EL Öl
2 EL Apfelessig
1 TL Zucker
1 kleine Zwiebel oder Schalotte
¼ l Rotwein
1 gehäufter EL Orangenmarmelade

1 Die beiden Entenbrüste wenn nötig waschen und sehr gut abtrocknen. Die Hautseite jeweils mit einem scharfen Messer kreuzweise einritzen. Die Schnitte möglichst eng und parallel nebeneinander setzen, sodass ein hübsches und akkurates Schachbrettmuster entsteht.

2 Die Brezeln in zentimetergroße Würfel schneiden, mit der heißen Milch beträufeln und einweichen. Die Zwiebel sehr fein würfeln und in der heißen Butter andünsten (ruhig in der Mikrowelle), gehackten Knoblauch, Chilischote und zum Schluss auch die fein geschnittene Petersilie zufügen. Schließlich auch das Ei einarbeiten und die Masse kräftig mit Salz, Pfeffer und Muskat abschmecken – es ist im Prinzip die Masse für Brezenknödel, wie man sie in Bayern oder Schwaben liebt, und sie eignet sich übrigens auch zur Abwechslung mal als Füllung für die ganze Ente.

  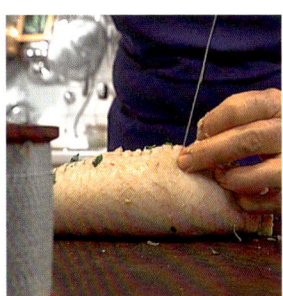 

3 Eine Entenbrust wird auf der Innenseite fingerdick mit Knödelmasse belegt (den Rest beiseite stellen), mit der zweiten Brust abgedeckt und nun werden beide Hälften an ihrer Haut entlang mit Küchenzwirn und einer dicken Nadel rundum zusammengeheftet. So entsteht ein gleichmäßiges Bratenstück. In einer Pfanne in zunächst wenig Öl, dann im austretenden eigenen Fett langsam braten, bis die Haut schön kross wird.

4 Anschließend den Braten im Backofen bei 100 ºC ruhen lassen, bis die Sauce fertig ist. Damit die Haut knusprig bleibt, wird sie mit Apfelessig, verrührt mit etwas Zucker, eingepinselt und unmittelbar vor dem Servieren kurz noch einmal unter dem Grill gebräunt.

5 Falls sehr viel Fett ausgetreten sein sollte, es vorsichtig abgießen (aufheben – gut für Bratkartoffeln oder herzhafte Wintergemüse!), im verbliebenen Fett für die Sauce etwas gehackte Zwiebel weich dünsten, nach und nach, sozusagen schlückchenweise Rotwein angießen und immer wieder einkochen. Unter den dicklich gewordenen Fond die Orangenmarmelade rühren. Die Sauce nochmals abschmecken.

6 Die gefüllte Entenbrust in nicht zu dicke Scheiben schneiden und auf einer Platte anrichten. Die Sauce in einer Saucière dazureichen.

BEILAGEN
Aus der restlichen Brezelmasse eine Rolle formen, sie in ein mit Butter bestrichenes Stück Alufolie wickeln und entweder neben den Braten im Backofen oder in Salzwasser gar ziehen lassen (ca. 20 Minuten). Außerdem passt dazu ein Möhrengemüse, kräftig mit Chili und Zitronensaft abgeschmeckt.

GETRÄNK
Ein eleganter Spätburgunder aus Deutschland, zum Beispiel von der Aar.

TIPP
Der gefüllte Entenbrustbraten schmeckt übrigens auch kalt. Dünn auf der Aufschnittmaschine aufgeschnitten und mit Petersilienöl beträufelt – dafür ein Händchen voll Petersilienblätter mit einer Tasse Olivenöl pürieren.

Enten-Confit
(Eingemachtes Entenfleisch)

Entenkeulen kann man auch einzeln kaufen, im eigenen Fett ge-schmort schmecken sie wunderbar. In ihr eigenes Fett eingebettet, kann man sie als Confit auch im Einmachglas oder Vorratstopf aufbe-wahren (solange keine Luft dran kommt, bleibt das Fleisch frisch, siehe Tipp). Später werden die Entenkeulen entweder kalt zum Abendbrot gegessen oder einfach im Ofen gebraten, bis die Haut wieder knusprig ist. Oder auf einem Bett von weißen Bohnen serviert. Das ist dann das berühmte Cassoulet, wie man es in Frankreich schätzt und das wir mit dem nächsten Rezept vorstellen: ein wunderbares Essen für kalte Herbst- und Wintertage.

ZUTATEN
Für ca. vier Personen:

4 Entenkeulen
1 Möhre
1 Lauchstange
¼ Sellerieknolle
1 Kräutersträußchen aus Thymian, Petersilienstielen und Lorbeerblatt
Knoblauch (nach Gusto von 1 Zehe bis zu einer ganzen Knolle)
Salz
1 EL Pfefferkörner
1 TL Pimentbeeren
ca. 400 g Schweine-, Enten- oder Gänseschmalz

1 Die Entenkeulen dicht in einen möglichst genau bemessenen Topf setzen, das gewürfelte Wurzelgemüse, das Kräutersträußchen, Knob-lauch und die Gewürze drumherum streuen. Das Fett zufügen, alles er-hitzen, bis es schmilzt. Den Deckel auf den Topf legen und bei nunmehr sehr kleiner Hitze oder bei 120 °C (Heißluft; 140 bis 150 °C Ober-/Unter-hitze) im Backofen zwei bis drei Stunden im eigenen Fett leise sieden, bis das Fleisch zart und weich ist.

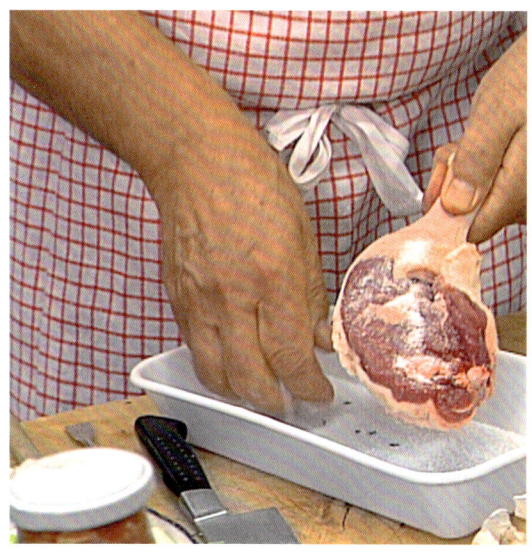 

2 Die Entenkeulen langsam abkühlen lassen. Herausfischen, in ein breites Einmachglas oder einen Schmalztopf schichten. Mit dem durchgesiebten Entenfett bedecken. Mit Klarsichtfolie abdecken. Zum Aufbewahren kalt stellen.

TIPP

Ein solches Enten-Confit ist auch ein schönes Geschenk: Von der Fettschicht vollständig bedeckt hält es sich im Kühlschrank länger als einen Monat (sofern man es nicht längst vorher aufgegessen hat).

Und: Für den herzhaften Bohnentopf, das Cassoulet (siehe nächste Seite), den Topf warm werden lassen, bis das Fett schmilzt, dann kann man die unter ihrem Fett vergrabenen Entenkeulen herausnehmen und auf den Bohnen erwärmen.

ZUTATEN

Für vier bis sechs Personen:

500 g weiße Bohnenkernen (man
kann auch mit braunen Bohnen,
grünen Bohnenkernen oder Wach-
telbohnen variieren)
6–7 Knoblauchzehen
Salz
1–2 Zwiebeln
3 EL Entenfett
2 EL Tomatenmark
1 Flasche Tomatensaft
(oder Brühe)
1 EL Majoran
1 Stück Zitronenschale
Pfeffer

Cassoulet

1 Für dieses Gericht sollte man die Bohnenkerne selber kochen, statt
die aus der Dose zu nehmen, sie schmecken einfach besser! Am Vortag
einweichen, anderntags abgießen, einige der Knoblauchzehen zufügen,
salzen und mit frischem Wasser großzügig bedecken. Ohne Deckel aufwallen lassen, dann die Hitze herunterschalten und bei kleinster Hitze
jetzt zugedeckt in eineinhalb bis zwei Stunden weich kochen.
Übrigens: Es ist ein Missverständnis, dass Bohnenkerne „Biss" haben
sollen. Sie müssen sich zwischen Gaumen und Zunge leicht und angenehm zerdrücken lassen, dann sind sie richtig.

2 Für das Cassoulet fein gewürfelte Zwiebel in Entenfett andünsten, den
restlichen gehackten Knoblauch hinzufügen und mit Tomatenmark anrösten. Die Bohnen dazugeben, dann soviel Tomatensaft oder Brühe, bis
alles knapp bedeckt ist. Mit Majoran und Zitronenschale würzen und bei
milder Hitze leise köcheln, bis sich alles innig verbunden hat.

3 Die Entenkeulen obenauf legen und sanft durchwärmen lassen.

BEILAGE
Dazu schmecken kleine, geröstete, eventuell sogar glasierte Kartoffen.

GETRÄNK
Ein herzhafter Weißwein, zum Beispiel ein Elsässer oder Pfälzer Riesling.
Oder natürlich, das wäre klassisch, ein Rotwein aus dem Südwesten
Frankreichs, wo das Confit überhaupt erfunden wurde.

Enten-Rillettes

Aus den confierten, also eingemachten Keulen lässt sich ein fabel-
hafter Aufstrich herstellen, Rillettes sagt man in Frankreich dazu. Be-
sonders köstlich auf geröstetem Brot.

Die Zubereitung ist zunächst dieselbe wie beim Enten-Confit: Die Keulen werden mit dem Wurzelgemüse aufgesetzt und langsam gar geschmurgelt. Ruhig ein bisschen länger, denn das Fleisch soll geradezu
vom Knochen fallen. Anschließend den Kräuterstrauß herausfischen
und wegwerfen, das Gemüse mit dem absolut weichen, vom Knochen
gelösten Entenfleisch innig zerdrücken und mit einem Messer hackend
vermischen, dabei gut abschmecken. Bitte nicht mit dem Mixer oder
Pürierstab arbeiten, sonst werden die Zutaten zu fein zermust: Es sollten Stückchen spürbar bleiben.

Die Rilletes in einen Steinguttopf oder eine hübsche Terrinenform
füllen, mit Entenfett bedecken und kalt stellen. Solange diese schützende Schicht darüber geschlossen ist, hält die Rillettes im Kühlschrank wochenlang. Wenn man etwas entnommen und deshalb die
obere Fettschicht durchbrochen hat, den Topf am besten solange in
die Mikrowelle oder in den Ofen stellen, bis das Schmalz wieder geschmolzen ist und alles gleichmäßig bedeckt.

SERVIEREN
Auf Crostini streichen und zum Aperitif (etwa einem Glas Winzersekt
oder einem frischen, jungen Rotwein, z. B. ein Zweigelt aus dem Burgenland) reichen.

Mal was anderes:
Kaninchen

Ein Kaninchen:
Fünf Gerichte für Liebhaber

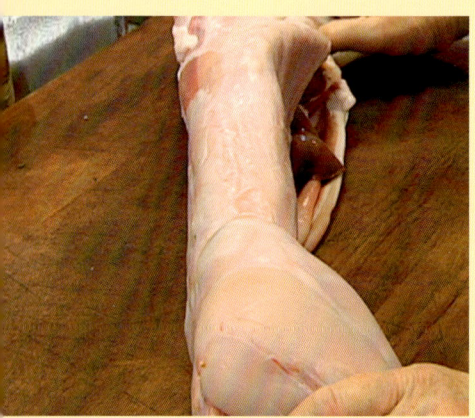

Ein Kaninchen und fünf ganz unterschiedliche Gerichte daraus? Das klingt unwahrscheinlich? Wir werden es Ihnen beweisen. Zunächst müssen wir es natürlich erst einmal zerlegen – ein Kaninchen im Ganzen ins Rohr zu schieben, ist keine gute Idee. Die einzelnen Teile haben nämlich völlig unterschiedliche Garzeiten. Manche Teile sind sehr groß und fleischig, wie die Keulen, die Vorderläufe hingegen mager und knochig, und die Bauchlappen bieten nur ganz wenig Fleisch. Klar, dass dann bei Tisch jeder nur die Keulen mit viel saftigem Fleisch begehrt oder den Rücken mit dem zarten Filet. Deshalb zeigen wir Ihnen hier, wie man aus jedem Teil Vorzügliches herausholen kann.

Wie man ein Kaninchen zerlegt
Falls der Händler das nicht für einen erledigt (oder das Kaninchen nicht bereits in Teilen in seiner Verpackung liegt), muss man selbst wissen, wie man ein Kaninchen zerlegt. Im Prinzip ist das nicht schwer, man muss sich einfach der Anatomie entlangarbeiten:

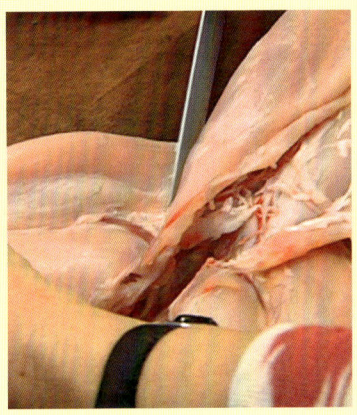 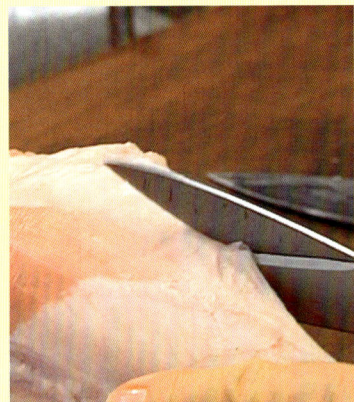 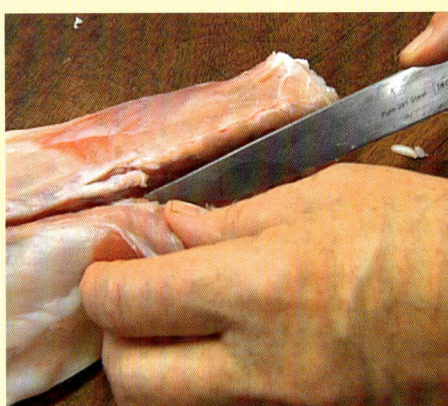

1. Beide Bauchlappen werden entlang der Rippen und des Rückens abgeschnitten. (Wir verwenden sie für das Kaninchenschmalz.)
2. Dann die Keulen mit dem Schwänzchen vor den Hüftknochen abtrennen. Jetzt lassen sich die Keulen links und rechts vom Schwanz abbrechen und vollends abschneiden.
3. Nun sucht man die hinterste Rippe und schneidet, von außen an ihr entlang, durch das Rückgrat an der anderen Rippe entlang das Rückenstück ab.
4. Jetzt die Rückenfilets auslösen– auch die echten Filets an der Unterseite der Rückenknochen. Beides ist gut zum Kurzbraten, zum Beispiel für einen eleganten Vorspeisensalat, zum chinesischen Pfannenrühren oder für die kleinen Schnitzelchen.
5. Die übrige Karkasse wird zusammen mit Wurzelwerk zu einer Brühe ausgekocht.
6. Kaninchenfett gehört zu den wenigen Dingen, mit denen man in der Küche nichts anfangen kann, denn es hat eine talgige Konsistenz und ist ohne jeden Geschmack. Also restlos entfernen.

Kaninchenschmalz

Aus den Vorderläufen und Bauchlappen lässt sich dieser fabelhafte Aufstrich herstellen. Sie werden zusammen mit sehr fettem Schweinefleisch und Wurzelwerk so lange leise gekocht, bis das Fleisch geradezu zerfällt, zu einer Art Rillettes, siehe auch die Entenrilletes auf Seite 119. Die Fleischcreme schmeckt köstlich auf geröstetem Brot.

1 Die Kaninchenteile in einen möglichst genau passenden Topf schichten. Das Gemüse und den Kräuterstrauß dazwischen verteilen, 250 Milliliter Wasser angießen, zum Kochen bringen und dann auf kleinem Feuer etwa 10 Minuten zugedeckt leise köcheln lassen, bis das Gemüse weich ist. Erst jetzt den Wein angießen und das in Würfel geschnittene Schweinefleisch sowie etwa 2 Teelöffel der Gewürzmischung hinzufügen.

ZUTATEN
Für sechs Personen:

2 Kaninchenvorderläufe und die
Bauchlappen (ca. 400 g)
je 1 Tasse fein gewürfelte Möhre,
Sellerie und Zwiebel
3 Knoblauchzehen
1 Kräuterstrauß aus Thymian,
Lorbeer, 1 Stück Lauch und Petersilienstielen
250 ml Weißwein (z. B. ein Riesling)
300 g sehr fettes Schweinefleisch
in Würfeln (Bauch oder Hals)

Gewürzmischung für helles Fleisch:
1 gehäufter TL Salz
1 TL Zucker
je 1 EL weiße und schwarze
Pfefferkörner
2 EL getrockneter Majoran
1 EL Kümmel
1 TL Senfkörner

2 Dafür alle Zutaten im Mörser oder im Mixer zu feinem Pulver zermahlen. Den Rest in ein Schraubglas füllen – passt immer zu hellem Fleisch, wie Kalb oder Geflügel oder eben Kaninchen.

3 Schließlich den Deckel schräg aufsetzen, sodass ein kleiner Schlitz bleibt, durch den Dampf entweichen kann. Etwa 1 ½ bis 2 Stunden leise köcheln lassen – ruhig auch länger, denn das Fleisch soll geradezu vom Knochen fallen.

4 Dann den Kräuterstrauß herausfischen und wegwerfen, das Kaninchenfleisch sorgfältig von den Knochen lösen. Zurück in den Topf geben und mit dem Wurzelwerk mit einer Gabel zerdrücken, dabei innig vermischen; oder auch Fleisch und Gemüse auf einem Arbeitsbrett mit einem Messer hackend mischen. Bitte nicht den Mixer oder Pürierstab dafür verwenden, sonst wird die Sache zu fein zermust. Es sollten Stückchen spürbar bleiben.

5 Die Creme gut abschmecken, in einen Steinguttopf oder eine hübsche Terrine füllen, mit dem ausgetretenen Fett bedecken (falls das Fleisch nicht fett genug war, zusätzliches Schweine- oder Gänseschmalz auflösen und auf der Oberfläche verteilen – nur solange diese Fettschicht geschlossen ist, bleibt das Kaninchenschmalz frisch!) und kalt stellen.

SERVIEREN
Auf Crostini streichen und zum Aperitif reichen.

Tipp für die Crostini: Sie müssen keineswegs frisch aus dem Ofen kommen – denn auf den warmen Brotscheiben schmilzt das Schmalz und das sieht nicht schön aus. Machen Sie doch einfach Crostini gleich für den Vorrat: Von einem Baguette sehr dünne, nur 2 bis 3 Millimeter dicke Scheiben schneiden, nebeneinander auf ein Blech breiten und bei 170 °C (Heißluft; Ober-/Unterhitze 190 °C) ca. 6 bis 8 Minuten rösten. Damit sich die Scheiben nicht verziehen und wölben, dabei mit einem zweiten Blech abdecken.
Die Crostini abkühlen lassen – sie sind auch kalt ein Genuss, knusprig und rösch.

GETRÄNK
Ein Aperitif-Champagner oder ein guter Winzersekt.

Tipp
Wichtig ist, auch später eine schützende Fettschicht an der Oberfläche stets geschlossen zu halten. Dann hält das Kaninchenschmalz im Kühlschrank wochenlang. Das bedeutet: Sobald man etwas entnommen und deshalb die Oberfläche geöffnet hat, den Topf anschließend so lange in die Mikrowelle oder in den Ofen stellen, bis das Schmalz wieder geschmolzen und alles gleichmäßig bedeckt ist.

Kaninchenragout
mit Blumenkohl & Broccoli

*Schön scharf gewürzt mit roter Thaicurrypaste (aus dem Asienladen)
und mit Kokossahne besänftigt. Mit möglichst buntem Blumenkohl,
weiß, grün oder lila, sowie grünen Broccoliröschen, und natürlich mit
reichlich duftenden Thaikräutern.*

1 Die Kaninchenkeulen im heißen Öl in einem flachen, breiten
Schmortopf rundum schön langsam kräftig anbraten, salzen und pfeffern. Die gehackten Zwiebeln dazufügen, den zerdrückten Knoblauch,
den fein gewürfelten Ingwer, das ganz fein geschnittene Zitronengras
und die entkernten gehackten Chilis.

2 Currypaste mitbraten, alles mit Fischsauce beträufeln. Zitronensaft
und -schale unterrühren und den Zucker. Schließlich die Kokossahne
(auch Kokosmilch genannt; am besten aus dem Tetrapak, nicht aus der
Dose – die ist oft gezuckert) angießen, alles zugedeckt auf kleinem
Feuer oder im Backofen bei 130 °C (Heißluft; Ober-/Unterhitze 150 °C)
ca. 1 Stunde schmurgeln lassen. Die Zwiebeln sollten sich jetzt nahezu
aufgelöst haben, die Sauce schön dick und kräftig sein. Eventuell einen
Schuss Brühe zufügen.

3 Die Keulen herausheben und etwas abkühlen lassen. Das Fleisch
von den Knochen lösen und in kleine Würfel schneiden. Knochen und
Abschnitte in den Suppentopf füllen (siehe Rezept Klare Brühe).

4 In der Zwischenzeit den Blumenkohl zerlegen, die Röschen abschneiden und in Salzwasser etwa 6 Minuten lang bissfest kochen. Die
Stiele vom weißen Kohl klein schneiden, in den Topf mit dem Curry geben und darin absolut weich kochen. Zarte Stiele von Thaibasilikum
und vor allem die Wurzel vom Koriander klein hacken und mitkochen.
Broccoliröschen werden ebenfalls blanchiert. Dessen Stiele in feine
Scheibchen oder Würfel schneiden und mit den Röschen bissfest kochen – eiskalt abschrecken, damit sie schön grün bleiben.

ZUTATEN
Für vier Personen:

2–4 Kaninchenkeulen (ca. 800 g)
2 EL Olivenöl
1 TL chinesisches Sesamöl
Salz
Pfeffer
2 Zwiebeln
3 Knoblauchzehen
1 walnussgroßes Stück Ingwer
1 Zitronengraskolben
2–3 rote Chilis
1–2 TL rote thailändische
Currypaste
1 EL Fischsauce
Saft von ½ Zitrone
etwas abgeriebene Zitronenschale
1 gehäufter TL Zucker
400 ml Kokossahne (Kokosmilch)
etwas Brühe
½ kleiner weißer und
½ lila Blumenkohl
300 g Broccoli

Kräuter:
Thaibasilikum
Koriandergrün

5 Den Bratenfond im Topf mit den weich gekochten Blumenkohlstie-len glatt mixen. Diese nunmehr cremige Sauce kräftig abschmecken. Zum Schluss unzerkleinerte Blätter von Thaibasilikum und Koriander-grün unterrühren und Kaninchenwürfel, Blumenkohl sowie Broccoli darin erwärmen.

BEILAGE
Duftiger Reis – am besten thailändischer Jasmin- oder Duftreis.

GETRÄNK
Ein Weißburgunder, wir haben dazu einen besonders üppigen vom Weingut Wittmann aus Rheinhessen getrunken.

Mini-Wiener-Schnitzel vom Kaninchenrücken

Sehr delikat und obendrein bildschön, diese kleinen Schnitzelchen – ein feiner und eleganter Appetithappen oder, zusammen mit einem Kartoffelsalat, ein hübscher Imbiss.

1 Die Rückenfilets von den Knochen lösen. Diese Knochen und alle Abschnitte in den Suppentopf füllen (siehe Rezept Klare Brühe). Die Rückenfilets quer in gut fingerdicke Scheiben schneiden, die echten Filets für den Salat beiseite legen.

2 Die Rückenfilets mit der breiten Schneide eines großen Messers oder mit einem Fleischklopfer flach drücken. Mit Salz, Pfeffer und einem Hauch Muskat würzen, dann zuerst in Mehl wenden, anschließend durch das mit Salz, Pfeffer und Muskat verquirlte Ei ziehen und schließlich im Paniermehl drehen, sodass das Fleisch überall gleichmäßig davon überzogen ist. Im Asialaden kann man zum Panieren „Panko" kaufen, das sind flockigere Brösel, die eine wunderbar knusprige Kruste ergeben.

Tipp: Diese Panierung gut festdrücken, dann die Schnitzelchen in zentimeterhohem Öl oder Butterschmalz schwimmend auf beiden Seiten golden ausbacken. Auf Küchenpapier gut abtropfen lassen. Zum Kartoffelsalat reichen.

3 Dafür die Kartoffeln schon 1 Stunde vorher in der Schale gar kochen, etwas ausdampfen lassen, dann pellen, in dünne Scheiben schneiden und in eine Schüssel geben. Die sehr fein gewürfelte rote Zwiebel und die in feine Scheibchen geschnittenen Frühlingszwiebeln zufügen. Alles mit Fleischbrühe benetzen, Salz, Pfeffer und Essig zufügen. Gründlich mischen und erst jetzt das Öl sowie die Kresse, falls gewünscht, untermischen. Die angerichteten Teller nun mit einem Zitronenschnitz garnieren, damit jeder selbst nachwürzen kann.

GETRÄNK
Ein frisches Pils oder ein herzhafter Weißwein, ein Riesling aus der Pfalz oder auch aus Württemberg.

ZUTATEN
Für zwei bis drei Personen:

1 Kaninchenrücken
Salz
Pfeffer
Muskatnuss
2 gehäufte EL Mehl
1 Ei
3 EL Semmelbrösel
Öl oder Butterschmalz
zum Ausbacken

Kartoffelsalat:
600 g festkochende Kartoffeln
1 rote Zwiebel
2 Frühlingszwiebeln
3–4 EL heiße Fleischbrühe
Salz
Pfeffer
2–3 EL aromatischer Essig
(z. B. Apfelessig)
2 EL Olivenöl
eventuell 1 Handvoll Gartenkresse

Klare Brühe mit Eierstich und buntem Gemüse

In einer guten Küche wird nichts weggeworfen. Wir haben ja bisher alle Abschnitte und Knochen vom Kaninchen in einen Topf gefüllt, auch die Gemüseabschnitte. So wird ganz leicht eine fabelhafte Suppe daraus.

1 Knochen und Abschnitte samt Gemüse in einen Suppentopf füllen und handbreit mit Wasser bedecken. Vom Gemüse die schönen Teile hübsch zuschneiden: entweder in streichholzfeine Streifen, in gleichmäßige Würfel oder in feine Rauten. Zunächst beiseite legen und nur die Abschnitte in den Suppentopf geben. Gewürze zufügen und leise etwa 2 Stunden köcheln lassen – nicht sprudelnd kochen, sonst wird die Suppe trüb.

2 Für den Eierstich die Zutaten miteinander verquirlen, in einen Gefrierbeutel füllen, diesen mit einer Klammer oder mit einem Vakuumgerät verschließen. Im Wasserbad unter dem Siedepunkt in ca. 8 Minuten stocken lassen. Im Wasserbad abkühlen lassen. Erst dann aus dem Beutel nehmen und in Würfel schneiden.

3 Am Ende die Brühe durch ein Sieb filtern und abschmecken. Die Gemüsescheibchen oder -streifen in Salzwasser in wenigen Minuten sanft bissfest köcheln.

4 In Suppentassen anrichten, die Eierstichwürfel zufügen, eventuell einige Schnittlauchröllchen darüberstreuen und heiß servieren.

BEILAGE
Dazu ein Stück Weißbrot.

GETRÄNK
Zur Suppe braucht man keins.

ZUTATEN
Für zwei bis vier Personen:

Abschnitte, Sehnen und Häute sowie
Knochen von 1 oder 2 Kaninchen
je 1 Zwiebel, Möhre und Lauchstange
1 Stange Bleichsellerie oder
1 Stück Sellerieknolle
1 TL Pfefferkörner
2 Lorbeerblätter
einige Petersilienstiele
Schnittlauch

Eierstich:
2 Eier
Salz
Pfeffer
Muskatnuss
1–2 EL geriebener Parmesan

Feiner Salat mit Kaninchenleber und Nierchen

Einer von diesen bunten Vorspeisensalaten, die jedes Menü besonders festlich beginnen lassen.

1 Die Salatblätter waschen, in Stücke zupfen oder in fingerbreite Streifen schneiden. Für die Marinade die Zutaten mit einem Schneebesen verquirlen. Die Salatblätter nur ganz kurz in der Marinade wenden, sofort gut abtropfen lassen und auf Vorspeisentellern dekorativ ausbreiten. Nicht lange in der Marinade liegen lassen, weil die Blätter sonst ihre Knackigkeit verlieren.

2 Die Leber, Nierchen und Filets säubern, alle Häute und Sehnen herausschneiden und entfernen. Die Lebern in ihre natürlichen Hälften teilen. Die Filets schräg in 2 bis 3 Stücke schneiden und mit der Stärke einreiben.

ZUTATEN

Für zwei bis vier Personen:

3–4 Handvoll bunte gemischte Salatblätter (Radicchio in allen Farben, Kopfsalat, Frisée, Chicorée, Lollo rosso etc.)

Marinade:
1 EL Senf
Salz
Pfeffer
2 EL Zitronensaft
3 EL Olivenöl
eventuell 1 Schuss Brühe
einige Tropfen Balsamico

3 Schließlich eine Pfanne leer erhitzen, die Pinienkerne darin rösten. Dabei die Pfanne immer wieder rütteln und schütteln, damit die Kerne rösten, aber nicht zu dunkel werden.

Außerdem:
1 Kaninchenleber
2 Kaninchennierchen
2 echte Kaninchenfilets (die inneren)
¼ TL Speisestärke
2 EL Pinienkerne
2 EL Olivenöl
Salz
Pfeffer
einige Spritzer Zitrone
etwas abgeriebene Zitronenschale
1–2 EL Balsamico
einige Petersilienstiele

4 Beiseite stellen, dann das Öl in der Pfanne erhitzen, zuerst die Lebern und die Nierchen sehr heiß auf beiden Seiten nur 30 Sekunden anbraten, dann die Filetstücke hinzufügen, die Hitze reduzieren und ebenfalls unter häufigem Drehen 1/2 Minute mitbraten. Salzen, pfeffern, mit Zitronensaft und Zitronenschale würzen.

5 Den Herd abstellen, Balsamico über alles träufeln, fein gehackte Petersilie dazugeben, die Pfanne rütteln und schütteln, die Innereien so drehen und wenden, dass sie rundum vom Bratensaft überzogen sind. Auf dem Salatbett anrichten und die Pinienkerne darüber verteilen.

BEILAGE
Knuspriges Baguette.

GETRÄNK
Ein kraftvoller, großartiger Burgunder aus Burgund, zum Beispiel ein üppiger Chardonnay.

Kräftig, deftig, immer wieder neu: Wurzelgemüse

Wurzeln für Genießer:
Was Gutes unter der Erde wächst

Es ist ja einfach unglaublich, wie viele unterschiedliche Knollen, Wurzeln, Rüben bei uns gedeihen: Petersilienwurzeln, Pastinaken, Knollensellerie, gelbe Rüben, weiße Rüben, Steckrüben, Rote Rüben (besser bekannt als Rote Bete) und natürlich Möhren. Aber selbst die gibt es inzwischen in allen möglichen Farben: nicht nur orange, eben möhrenfarben, sondern tatsächlich gelb wie die Sonne und sogar dunkelrot! Dann die Rüben in ihrer Vielfalt, von den kleinen weißen Rübchen, den navets, zu den gelben Teltower Rübchen, die größeren Steck- oder Futterrüben. Das klingt nicht glamourös? Sie werden staunen, was man daraus alles zubereiten kann!

Wenn man alte Kochbücher betrachtet, ist man verblüfft, welche Vielfalt der unterschiedlichsten Rübchen, Wurzeln und Knollen dort zu sehen sind. Lange Zeit gab's auf unseren Märkten gerade mal Möhren – und höchstens noch als etwas Besonderes die hübschen Bundmöhren –, Knollensellerie und Rote Bete. Das war's dann schon. Doch mittlerweile hat man sich auf alte, vergessene Gemüsesorten besonnen und baut sie wieder verstärkt an. Es ist hübsch, zu sehen, welche Vielfalt da herrscht, seit die Gärtner und Kunden Spaß am Experimentieren haben. Und so kommt immer mal was Neues auf unseren Tisch.

Nehmen wir doch mal die Pastinaken. Unsere Urgroßeltern haben sie noch gern und oft gegessen und dann sind sie völlig aus dem Angebot verschwunden. Übrigens: Nicht verwechseln mit den Petersilienwurzeln, die zwar nah verwandt sind, aber dennoch viel schlanker sind und süßer im Geschmack. Und ihr Kraut, die glatte, ja besonders würzige Petersilie, ist zart und delikat, während das der derberen Pastinake ungenießbar ist.

Pastinakengratin

Es schmeckt pur, als vegetarisches Gericht, in diesem Fall kann man es am Ende der Schmorzeit mit Scamorza belegen und noch so lange backen, bis dieser cremig zerläuft. Es ist aber auch eine fabelhafte Beilage zum gebratenen Fleisch. Besonders köstlich zum Beispiel, wenn man das Roastbeef über die Gratinform in den Ofen setzt, sodass der Fleischsaft aufs Gemüse tropfen kann und es zusätzlich würzt.

1 Die Pastinaken mit dem Sparschäler schälen, längs vierteln oder sogar achteln, wenn sie sehr dick sind, und kleinfingerlang schneiden. In eine Auflaufform betten, mit Salz, Pfeffer und Muskat würzen, mit etwas Brühe benetzen und Butterflöckchen obendrauf verteilen.

2 Im 200 °C heißen Backofen (Heißluft 180 °C) etwa eine halbe Stunde schmurgeln. Etwa zehn Minuten vor Ablauf der Garzeit die Tomatenwürfel dazwischen verteilen und eventuell Scheiben geräucherten Mozzarella darüberlegen und schmelzen. Zum Servieren mit Schnittlauchröllchen bestreuen.

ZUTATEN
Für vier bis sechs Personen:

ca. 1 kg Pastinaken
Salz, Pfeffer
Muskat
ca. ¹/₈ l Brühe
50 g Butter
2 Fleischtomaten in Würfeln
eventuell 200 g Scamorza
(geräucherter Mozzarella)
Schnittlauch

Roastbeef:
1 kg Rinderlende (Roastbeef)
Salz, Pfeffer
2–3 EL Olivenöl

BEILAGE
Ein grüner Salat.

GETRÄNK
Ein runder, vollmundiger Rotwein, vor allem, wenn das Gratin mit dem Roastbeef auf den Tisch kommt. Zum Beispiel ein Wein aus dem Languedoc, genauer Roussillon. In unserem Fall ganz genau aus Collioure, wo er kurz vor der Grenze zu Spanien auf Terrassen hoch über dem Meer gedeiht.

TIPP

Roastbeef als Begleitung zum Gratin: Dafür würzt man das Roastbeef rundum kräftig mit Salz und Pfeffer und reibt das Stück fest mit Olivenöl ein. Das Fleisch in einer (möglichst unbeschichteten, weil sie sich stärker erhitzen lässt) Pfanne auf allen Seiten kurz, aber sehr kräftig anbraten. Nur so lange jeweils, bis sich eine Kruste bildet und sich das Fleisch widerstandslos vom Pfannenboden löst. Dann auf einen Rost über das fertige Gratin in den Ofen setzen. Jetzt die Hitze auf 100 °C herunterschalten und alles miteinander noch mindestens 30 Minuten ziehen lassen. Das Roastbeef ist perfekt, wenn es sich auf Fingerdruck genauso anfühlt wie Ihr Daumenballen.

Duett von Wurzelcremesuppe

Lässt sich im Prinzip aus allen unseren Wurzeln zubereiten, auch aus Topinambur. Sogar die Steckrüben werden so zu einem köstlichen, zarten Cremesüppchen, das in einem Menü für einen Hingucker sorgt.

1 Die Wurzeln schälen, würfeln und mit etwas Zwiebel andünsten. Die ebenfalls gewürfelten Kartoffeln zufügen, sie sollen für eine schöne, sämige Bindung sorgen. Salzen, pfeffern, das Bockshornkleepulver zufügen und kurz mitrösten. Mit Brühe auffüllen, die Wurzeln etwa 20 bis 30 Minuten absolut weich kochen. Mit dem Mixstab oder im Mixer glatt pürieren. Sahne zufügen und gut abschmecken.

2 Die Suppe in Suppentassen anrichten, mit Klecksen von Petersilienöl eine schöne und wohlschmeckende Dekoration zeichnen. Dafür die Blätter mit Salz und Öl pürieren – in einem Schraubglas hält sich das Öl einige Tage frisch.

GETRÄNK
Ein leichter Sherry, zum Beispiel ein Manzanilla oder ein heller Fino.

ZUTATEN
Für vier bis sechs Personen:

1 Zwiebel
2–3 EL Butter
ca. 800 g Wurzeln (z.B. weiße, gelbe oder rote Rüben, Sellerie, Rote Bete oder Topinambur – siehe auch Tipp)
150 g Kartoffeln
Salz, Pfeffer
Bockshornklee
eventuell $1/2$ TL Thaicurrypaste
ca. $3/4$ l Brühe
200 ml Sahne
1 Spritzer Balsamico
Zitronensaft

Kräuter:
je nach Würze Koriandergrün, Petersilie, Schnittlauch

Petersilienöl:
1 kleine Handvoll Petersilienblätter
einige Krümel Salz
ca. 100 ml Olivenöl

TIPP

Besonders hübsch: In einem zweiten Topf aus einer andersfarbigen Wurzel eine zweite Cremesuppe kochen. Diese dann so in den Teller/Tasse einfüllen, dass sie sich dekorativ vermischen. Zum Beispiel eine gelbe Cremesuppe von der gelben Rübe und eine rote von roten Möhren. Im Teller elegant ineinander fließen lassen und mit einem Löffel einen Wirbel zeichnen. Das zweite Süppchen eventuell anders würzen, zum Beispiel statt mit Bockshornklee mit etwas Thaicurrypaste.

Rübencurry mit Lamm

Steckrübenmus oder der berühmte Steckrübeneintopf: Gerichte, von denen unsere Großeltern erzählen, dass es in der schlechten Zeit das Einzige war, was man zu essen hatte. Sie klingen nicht gerade nach einer Delikatesse. Aber es kommt ja immer darauf an, wie man diese Dinge zubereitet. In den Notzeiten damals hatte man eben nicht die nötigen Zutaten, Gewürze, Butter oder gar Sahne, auch kein Fleisch, das für ein wenig zusätzliches Aroma sorgen konnte.

1 Die Steckrüben schälen, hartes Wurzelende entfernen, dann in zentimeterdünne Scheiben schneiden, diese in ebenfalls zentimeterdünne, etwa kleinfingerlange Stifte.

2 Das Lammfleisch in große (2–3 cm) Würfel schneiden, in einem flachen Schmortopf im heißen Olivenöl rasch rundum anbraten. Sobald alle Würfel rundum Bratspuren zeigen, Thaicurrypaste mitrösten, dann auch gehackten Ingwer, Knoblauch und Chili. Jetzt salzen und pfeffern. Nun die gewürfelte Zwiebel und die Rübenstäbchen hinzufügen.

3 Schließlich mit Kokossahne auffüllen. Etwa 45 Minuten leise schmurgeln lassen, bis die Rübchen weich sind und das Lammfleisch gar. Mit Zitronensaft, thailändischer Fischsauce und Zucker sehr kräftig abschmecken.

4 Vor dem Servieren reichlich Koriandergrün, eventuell auch Thaibasilikum unterrühren.

ZUTATEN
Für vier bis sechs Personen:

ca. 800 g Steck- oder junge
Futterrüben
1 kg ausgelöste Lammschulter
3 EL Olivenöl
1 TL Thaicurrypaste
je 1 EL fein gewürfelter Ingwer und
Knoblauch, nach Belieben auch
1–2 frische Chilischoten
Salz, Pfeffer
1 Zwiebel
$1/2$ l Kokossahne
2 EL Zitronensaft
2 EL thailändische Fischsauce
1 gehäufter TL Zucker
reichlich Koriandergrün
und Thaibasilikum

BEILAGE
Dazu passt entweder – ganz authentisch – thailändischer Duftreis, aber auch kleine Pellkartöffelchen, die in Petersilienbutter geschwenkt wurden.

GETRÄNK
Ein gehaltvoller, tief fruchtiger Rotwein, zum Beispiel ein Merlot, der immer öfter inzwischen auch bei uns in Deutschland angebaut wird. Wir haben uns diesmal für einen Württemberger entschieden, aus Heilbronn, vom Weingut Drautz-Able, der im Holzfass ausgebaut wurde.

Rüben- und Knollen-Chips

Sehen hübsch aus und schmecken super – ein lustiger Snack oder auch als Dekoration etwa zur Suppe.

1 Rüben oder Knollen schälen, in gleichmäßig dünne Scheiben hobeln und auf Küchenpapier gut abtrocknen. In kleinen Portionen in Olivenöl frittieren – jeweils nur kurz im heißen Öl schwimmen lassen, dann mit einer Schaumkelle herausheben und gut abtropfen.

2 Dies mindestens noch einmal, besser sogar zweimal wiederholen, damit sie schön knusprig werden.

ZUTATEN

Rote Bete, Sellerieknolle, Kartoffeln,
Rübchen jeglicher Art
Öl zum Frittieren
Salz

In Butter gedünstete Rübchen

Hierfür sollten die Rübchen nicht größer als Walnüsse sein, dann sind sie zart und in wenigen Minuten gar. Vor allem, wenn man eine Mischung zusammenstellt, eine ebenso pfiffige wie köstliche Beilage!

1 Die Rübchen sorgfältig schälen, den Stielansatz kappen, aber rundum auch schön putzen (dort sitzt oft noch Erde!). In einer passenden (nicht zu großen) Kasserolle in Butter andünsten, dabei sofort salzen und pfeffern und mit Zucker bestreuen, der ein wenig karamellisieren soll.

2 Dann bei kleiner Hitze sanft wenige Minuten dünsten, dabei immer wieder schwenken, damit alle Rübchen Bodenkontakt bekommen. Die Radieschen erst während der letzten zwei Minuten mitdünsten, sie verlieren sonst ihre schöne rote Farbe. Am Ende Schnittlauch untermischen und servieren.

BEILAGE
Ein Steak oder Schnitzel. Gut passen die Rübchen auch zum Sonntagsbraten, zum Beispiel einer Lammkeule.

ZUTATEN
Für vier Personen:

ca. 500 g gemischte kleine, junge Rübchen: Mairübchen, Teltower Rübchen, weiße Rübchen, Minimöhrchen und Radieschen
2 EL Butter
Salz, Pfeffer
$^1/_2$ TL Zucker
Schnittlauch

Register

A

Amaretti 36, 41
Anchovisfilet 27
Äpfel 14ff., 17f., 20f., 72, 78, 105
Apfelessig 48, 76, 109, 114
Apfelsaft 18, 41

B

Balsamico 26f., 35ff., 52, 56, 59, 61, 62, 128f
Basilikum 14f., 27. 40, 89
Bauchlappen 122
Berglinsen 52
Birnen 105
Bitterschokolade 41
Bleichsellerie 48, 52, 58, 127
Blumenkohl 124
Blutreizker 91
Blutwurst 19, 76
Bockshornklee 62, 134
Bohnenkerne 118
Bohnenkraut 88
Brezeln 114
Broccoli 124

C

Cayenne 19, 25
Cayennepfeffer 37, 78, 109
Chili 19, 21, 27, 30, 35f., 50, 56, 62, 69, 99, 101, 114, 124
Currypaste 124, 134f

E

Eier 92f., 126f
Ente 109
Entenbrüste 61, 114
Entenfett 118
Entenkeule 116
Erdnussöl 35

F

Fischfilet 78
Frischlingskeule 107
Futterrüben 135

G

Gartenkresse 126
Gewürznelken 102
Grana Padano 37
Graubrot 52

H

Hackfleisch 72
Hähnchenbrust 62
Haselnüsse 112
Haselnussöl 76
Herbsttrompeten 92
Himbeeren 16
Himbeerkonfitüre 16
Hirschfilet 101
Hirschkalbsteaks 100
Hokkaidokürbis 35f

I

Ingwer 35, 124, 135
Ingwerwurzel 101

J

Johannisbeergelee 17, 102

K

Kaninchen 127
Kaninchenfilet 129
Kaninchenkeulen 126
Kaninchenleber 131
Kaninchennierchen 129
Kaninchenrücken 128
Kaninchenvorderläufe 122
Kapern 27f
Kardamonkapseln 99

Kartoffeln 20, 26, 29, 61, 72, 91, 109, 126, 134, 136
Kassler 52, 56
Kastanien 107
Käse 26, 104
Kokossahne 124, 135
Koriandergrün 35, 62, 76, 101, 124, 134f
Korianderkörner 99
Krabben 48
Kümmel 70, 72, 99, 109, 122
Kürbis 35ff., 38ff, 41
Kürbiskerne 38
Kürbiskernöl 38

L

Lammkoteletts 21, 54
Lammschulter 135
Lauchstangen 50, 52, 58, 102, 116, 127
Leberwurst 76
Linsen 48, 54, 60, 62
Lorbeerblätter 50, 52, 54, 56, 60, 69f., 72, 78, 99, 116, 127

M

Macis 27
Majoran 20, 72, 76, 109, 118, 122
Mandellikör 41
Mandeln 14f
Minze 18f., 27, 50, 62, 107
Mohn 19
Mohnbutter 19
Möhre 48, 52, 58, 116, 122, 127
Morcheln 101
Mozzarella 40, 133
Muskat 20, 25f., 36f., 56, 93, 104, 112, 114, 133
Muskatblüte 19
Muskatnuss 59, 72, 126f

N

Nussöl 54

O

Orangen 105
Orangenmarmelade 114
Oregano 40

P

Paprika 30, 60, 101
Parmesan 36, 127
Pastinaken 133
Petersilie 25, 30, 36, 48, 60, 72, 84, 91, 109, 114, 127, 129, 134
Petersilienöl 115, 134
Pfifferlinge 88
Pilze 84f., 93
Pimentbeeren 116
Pinienkerne 18, 129
Polentagrieß 104
Portwein 60f., 92
Puderzucker 17

Q

Quittengelee 109

R

Radischen 48, 137
Räucheraal 48, 50
Räucherzunge 48
Raz el Hanout 62
Rehschulter 102
Reispapier 76
Rinderlende 133
Rohrzucker 99
Rosenkohl 112
Rosinen 18
Rosmarin 21, 59
Rote Bete 136
Rotkohl 107

Rübchen 136f., 139

S

Salbeiblätter 19
Salz 74f
Sauerkraut 69f., 72, 76, 78
Schalotten 60, 93, 100, 107, 114
Schinken 19, 26, 29
Schnittlauch 48, 52, 59, 70, 76, 93, 127, 133, 134, 137
Schokolade 15
Schweinefleisch 70, 122
Schweinehack 27
Schweineschmalz 107, 116
Schweineschulter 56
Sellerie 48, 50, 102, 122
Sellerieknolle 52, 116, 127, 136
Selleriesamen 99
Semmelbrösel 126
Senfsaat 70
Senfsamen 99
Sesamöl 35, 101, 124
Sherry 101
Sherryessig 54
Sojasauce 101, 109
Speck 19, 25, 69, 102, 112
Spinat 37
Stangensellerie 30
Steinpilze 89, 90
Sternanis 41, 102
Suppengrün 56

T

Tellerlinsen 50, 56, 58
Thaibasilikum 124, 135
Thymianzweige 54, 61, 72, 99, 116
Tomaten 25, 27, 30, 40, 59, 84, 133
Trockenpflaumen 105

W

Wacholderbeeren 54, 69f., 72, 99
Wachteleier 88
Walnüsse 18
Wan-Tan-Teigblätter 19
Weißkohlkopf 101
Wirsing 24ff., 27ff., 30f., 56
Wurst 59
Wurzeln 134
Wurzelgemüse 107

Z

Zimtstange 41
Zitrone 41, 48, 109, 124
Zitronengraskolben 124
Zitronensaft 21, 35, 61, 89, 128, 134, 134f
Zitronenschale 19, 37, 70, 118, 129

Rezeptverzeichnis

Beilagen

Cremige Polenta   104
Gedünstete Pilze   84
Himmel und Erd´   20
In Butter gedünstete Rübchen   139
Rosenkohl mit Haselnüssen   112
Steinpilze en cocotte   90

Desserts

Apfelschmarrn   17
Apfel im Schlafrock   16
Apfeltäschchen   19
Bratapfel aus der Mikrowelle   17
Geschmorte Ofenfrüchte   105
Kürbiskonfitüre   41
Kürbismuffins   41

Fischgerichte

Linsensülze mit Radischen-
   vinaigrette   48

Fleisch- und Wildgerichte

Enten-Confit   116
Esaus Lieblingslinsen   62
Fleischknödel mit Kraut   72
Frischlingskeule mit Kastanien
   und Rotkraut   106
Gebratene Ente mit Kartoffel-
   füllung   109
Gefüllte Entenbrust   114
Hirschfilet aus dem Wok   101
Kaninchenragout mit Blumen-
   kohl & Broccoli   126
Knusprige Entenbrust auf Lin-
   sen   60
Linsen im Wirsingpäckchen   57
Medaillons mit Rotwein-
   schalotten   100

Mini-Wiener-Schnitzel
   vom Kaninchenrücken   128
Paprikafleisch mit Sauerkraut   70
Pastinakegratin   135
Rehpfeffer   102
Reispapierpäckchen mit Sauerkraut
   und Blut & Leberwurst   76
Rübencurry mit Lamm   137
Wirsingauflauf   26
Wirsingröllchen   27
Wirsing im Blätterteig   29
Geflügelgerichte

Gemüsegerichte

Apfelgemüse mit Rosmarin   21
Apfelkuchen mit Basilikum   14
Casoulet   118
Gebackene Kürbisschnitten
   mit Tomaten   40
Herbsttrompeten in Rahmsauce   92
Kräuter-Apfeltäschchen mit Salbei-
   Mohn-Butter   18
Kürbiscannelloni mit weißer
   und grüner Sauce   36
Kürbisgnocchi mit Kernöl   38
Linsengemüse   58
Reizker mit Kartoffeln   91
Wirsinggemüse mit Tomaten-
   duft   25

Getränke

Schokolade   15

Imbiss

Blutwurst-Apfel-Happen   20
Enten-Rillettes   119
Kaninchenschmalz   124

Linsenaufstrich   57
Pfannkuchen   85
Pilzpaste   93
Rüben- und Knollen-Chips   138
Rührei mit Pilzen   93

Salate

Feiner Salat mit Kaninchenleber
   und Nierchen   130
Linsensalat zu Lammkoteletts   54
Steinpilz-Salat   89

Suppen

Duett von Wurzelcremesuppe   136
Feines Linsensüppchen
   mit Aalfilet   50
Klare Brühe mit Eierstich
   und buntem Gemüse   129
Kürbiscappuccino mit Ingwerschaum
   und Korianderöl   35
Linsencremesüppchen   52
Pfifferlingsuppe
   mit verlorenem Ei   88
Sauerkrautcremesuppe
   mit Heilbutt   78
Wirsingsuppe   30